ESTILOS DE VIDA

HOGARES, ENTORNOS, DISEÑOS, INTERIORES, DETALLES, ACABADOS

STAFFORD CLIFF | GILLES DE CHABANEIX

BLUME

CAPÍTULO UNO

INTRODUCCIÓN 12
Hogares y estilos de vida

Páginas 1-7
Roma; Rajastán; Marruecos; Nepal; Estocolmo; Nápoles; Umbría

Frontispicio
Gilles de Chabaneix; fotógrafo de hogares y estilos de vida

CAPÍTULO DOS

LUGARES QUE HABITAMOS 18
Viviendas del mundo

JUNTO AL AGUA 32
EN TIERRA 40
EN LA CIUDAD 56
VENTANAS AL MUNDO 72

CAPÍTULO TRES

DISEÑADO PARA VIVIR 86
En el hogar

DE ESTILO MODERNO 90
SENCILLEZ TRADICIONAL 116
INFLUENCIAS COLONIALES 142
DE ESTILO ELEGANTE
Y MAJESTUOSO 174
ESTILOS PARA EL CONFORT 234
TOQUES PERSONALES 256
TEXTURAS HEREDADAS 272
UN NUEVO ECLECTICISMO 294

CAPÍTULO CUATRO
VISIÓN DETALLISTA 318
Últimos retoques

ESPACIOS DE TRANSICIÓN 322
LOS DETALLES
ARQUITECTÓNICOS 338
TEXTURA, DISEÑO Y COLOR 346
ADORNOS Y EXPOSICIÓN 360

CAPÍTULO CINCO
SIMPLEMENTE VIVIR 372
Fuera del hogar

ALREDEDOR DE LA CASA 376
EN LA CALLE 408
EL MERCADO 420
CELEBRACIONES 440

ÍNDICES 464
Guía de diseño
e ideas

ESTILOS DE VIDA / CAPÍTULO UNO

INTRODUCCIÓN

Hogares
y estilos de vida

UBICACIÓN

EDIFICACIÓN

DISEÑO

DECORACIÓN

DETALLES

VIDA

EN LA PRIMERA PÁGINA DE ESTE LIBRO aparece una fotografía muy curiosa de un hombre que parece asomarse a una ventana entornada. La calidad surrealista de esta imagen se debe a que, en realidad, se trata de un *trompe l'oeil*, un término francés que significa «trampa visual», en la fachada de un edificio de Roma. Sin embargo, la imagen contiene algo que nos fascina. ¿Por qué está allí? ¿Qué está mirando el hombre? Y, ¿podemos verlo nosotros también? En gran medida, es una metáfora visual de los contenidos de este libro, una muestra de cómo se utilizan artificios para hacer de nuestro entorno un lugar más agradable donde vivir; diseñamos, construimos, decoramos y embellecemos, y con suerte, tenemos la libertad de disfrutar de lo que hemos creado. Las ventanas que hay detrás del hombre de la imagen están entreabiertas, dejándonos atisbar el interior y, de la misma manera, gran parte del contenido de este libro lo percibimos desde el punto de vista de alguien que mira desde la calle al interior. Pero el hombre también tiene ante sí una perspectiva más amplia, igual que este impresionante archivo fotográfico extrae sus temas de hogares y estilos de vida de todo el mundo. Este libro trata sobre la vida en su sentido más amplio y más concreto; por lo tanto, recorre desde la imagen más global de la Humanidad y su huella en el planeta hasta la ilustración de detalles íntimos de la decoración y el diseño, pasando por la alegría y celebraciones cotidianas de nuestros hogares y su entorno. En la evocación de tan distintos y variados estilos de vida, estas fotografías constituyen un ejemplar único de inspiración en los detalles del diseño, un archivo de cómo vivimos, que es también una guía de dónde podemos vivir en distintos entornos: junto al agua, en tierra firme, en pueblos y ciudades de todo el mundo.

Por primera vez, podemos observar las soluciones que personas, familias y comunidades enteras han encontrado para afrontar problemas comunes: elección del lugar, emplazamiento y construcción, decoración del interior, cultivo de áreas cercanas al hogar. Si tenemos en cuenta la enorme variedad de los lugares y viviendas que ilustran estas páginas, es sorprendente, y quizá reconfortante, descubrir los mismos patrones en la manera de hacer las cosas de personas de hábitats tan distintos. En cada etapa del extenso proceso de construcción, embellecimiento y disfrute de los resultados, las conexiones y paralelismos entre miles de estilos regionales, nacionales e históricos son casi más evidentes que las diferencias que cabría esperar. La misma atención al detalle puede percibirse en la disposición de una sala de estar de un modesto hogar de México, como de un club exclusivo de Buenos Aires. Así, escenarios, estructuras, artefactos y diseños modestos se entremezclan con lo grandioso, refinado y exclusivo, en ocasiones, revelando similitudes sorprendentes: el interior de un edificio en un barrio venido a menos de Nueva York,

MARRUECOS ESCOCIA

restaurado por motivos históricos, encuentra parecidos en modernas cocinas de Londres y París, cuyos propietarios sienten predilección por los utensilios de la época anterior al plástico; una estrecha callejuela de Katmandú, esencia de la intensidad urbanística, tiene su contrapartida en Roma y Estocolmo. Sin embargo, todos estos lugares son tratados con la misma amabilidad; el interior de la choza o la casa de piedra, amueblada por poco dinero, puede albergar tanta inspiración decorativa como el más lujoso de los *palazzi* o de los apartamentos más exclusivos de una metrópoli.

Si existe cierta parcialidad en este libro, quizá sea hacia los entornos cubiertos por la pátina del tiempo y la historia de quienes los habitaron, lugares y escenarios que han evolucionado y cuentan una historia, antes que hacia aquéllos que nacen del interior del ordenador de un diseñador.

BALI MÉXICO

Este libro trata realmente sobre qué hacen las personas con su entorno a su manera, con sus pertenencias, ya sean muchas o escasas, con su utilización intuitiva de los colores y los materiales, sobre la forma en que habitan los lugares que han hecho suyos. Lo viejo y lo nuevo, lo artesanal y lo natural coexisten pacíficamente; las texturas, pátinas y añadidos del uso y la edad son la expresión visible de nuestra voluntad de vivir como deseamos.

Resulta inevitable que muchas de las imágenes de los siguientes capítulos (aparte del capítulo final) muestren lo inanimado: edificios, detalles arquitectónicos, espacios interiores y objetos concretos. Incluso así, hay algo en la manera de dirigir la cámara hacia el objeto que enfatiza el lado humano de cada fotografía. La disposición de los objetos, la colocación de los muebles de una habitación, los detalles de la fachada, todos son especialmente atractivos, acogedores y están llenos de promesas e inspiración. Las fotografías nos conducen por angostas callejuelas, avenidas, pasajes y entradas, algunos ordenados, otros caóticos, siempre buscando la posibilidad de encontrar algo asombroso más allá. Ese «más allá» puede ser una plaza inundada por la luz del sol y vibrante con el ajetreo del vecindario, un malecón frente al que se alinean las barcas de los pescadores, un mercado lleno de productos frescos o una habitación adornada de forma extravagante y suntuosa, enmarcada por un arco o una puerta abierta. Las escaleras y otras estancias de paso, como los

NEPAL   FILIPINAS

pasillos y rellanos, también reciben la atención que merecen como espacios que conectan distintos lugares dentro del mismo edificio, conduciéndonos de una habitación a otra y situando lo particular en el contexto de lo general.

A lo largo de las secciones de los capítulos, encontramos la gran variedad de estilos de vida posibles; en primer lugar, se afronta la pregunta del lugar: entornos rurales, edificios tanto en grupos como aislados, mercados, tiendas, bares, cafés e iglesias. Aparecen numerosas ilustraciones de las texturas del aspecto exterior: superficies, diseños, disposición, signos, decoración, presentación, y estilos regionales, nacionales e históricos. Dentro de los hogares, encontramos ejemplos de las habitaciones donde nos reunimos, nos relajamos y trabajamos, y todos los detalles que se pueden ver en ellas: puertas, ventanas, iluminación, color, texturas, exposiciones de objetos y obras de arte. Por último, se tratan los temas relacionados con la vida cotidiana, las celebraciones, con aprovechar al máximo lo que hemos conseguido, ya sea mucho o poco, con ser parte en cierta medida de los logros de la Humanidad. Una aldea en Filipinas celebra su festival de la cosecha con calles llenas de adornos espectaculares realizados con productos locales; en una casa de Marruecos se mezcla con frescura lo moderno y lo tradicional en interiores elegantes; una colección de conchas sobre una mesa en Mauricio produce un efecto espectacular en la decoración; dos niños vestidos con los trajes típicos de su región sonríen a la cámara en una ciudad de México; se

CHILOÉ   MÉXICO

esparcen flores por el suelo desnudo de la habitación donde se va a celebrar la Navidad en Suecia; y mujeres de una aldea de Rumanía sacan sus utensilios de cocina al aire libre para preparar un banquete nupcial.

ESTILOS DE VIDA | *INTRODUCCIÓN*

El hilo conductor del libro tiene un desarrollo sencillo: cómo construyen las comunidades en distintos hábitats; cómo añadimos y perfeccionamos para crear nuestro propio estilo de vida; y cómo habitamos nuestro hogar con nuestras posesiones a nuestro alrededor. Por lo tanto, este libro es fuente de infinitas posibilidades: igual que llevamos a casa los hallazgos del mercadillo, lo que vemos en otros ambientes, en otras culturas, también puede tener un efecto en nuestras vidas. La elección del lugar donde deseamos vivir es el punto de partida: ¿una casa en la playa en Chile o en la costa atlántica de Francia? ¿Un loft en París o en Nueva York? ¿En qué terreno nos sentimos más cómodos y en qué tipo de edificio? Puede que hallemos la respuesta en muy diversos lugares: en una población costera, junto a un lago, cerca de un río, en una isla, en un pueblo de montaña o en medio de una plantación o una granja. También están las alternativas urbanas: las casas de piedra rojiza de Nueva York, conocidas como *brownstones*, o sus parientes cercanas, las casas adosadas de algunas ciudades de Inglaterra; almacenes industriales convertidos en viviendas o bloques de apartamentos; casas con patio en el sudeste de Asia; y complejos

BALI   SUMBAWA

de casas en la costa del Mediterráneo y en África, donde los habitantes parecen estar unidos a sus vecinos por un lazo biológico.

Desde el tema más complejo de la ubicación y de cómo dejar nuestra huella, pasamos a temas más íntimos como la proyección personal en el hogar: interiores, decoración, disposición y presentación. Aquí, dentro de esta cueva de Aladino de posibilidades e inspiraciones, se encuentran los contrastes entre fuerte sencillez y embellecimiento suntuoso, modernidad minimalista y esplendor barroco, conciencia urbana y espíritu rural, clasicismo y romanticismo, áspero y suave, uniforme y ecléctico. Existen estilos regionales, nacionales e históricos: georgiano inglés y neoclasicismo francés; minimalismo oriental y decoración lujosa; influencias coloniales, donde el gusto por lo occidental se mezcla con las

SALZBURGO   GOA

tradiciones indígenas; ambientes muy personales y estilos formales. Todos los esquemas ilustrados en este libro son únicos, aunque resulten impresionantes las similitudes, por ejemplo, del tratamiento de las puertas, escaleras, ventanas o la colocación de los muebles, la elección del color y los materiales. Los enfoques escandinavo y oriental se entremezclan para producir un interior moderno en Londres; el mobiliario colonial encaja perfectamente en un estudio de pintura en Versalles; un dormitorio-sala de estar decorado con discreción en Marruecos podría inspirar sin ninguna duda a un diseñador europeo.

Dentro de los interiores se descubren los detalles. En el capítulo cuatro se tratan las minucias de la decoración y el diseño: la disposición de objetos en paredes, aparadores o estanterías; la colocación de fotografías o adornos de pie; el tratamiento de esos difíciles lugares de paso que hay en cualquier casa, como escaleras, pasillos, entradas y rellanos. En muchas ocasiones lo que vemos es algo extravagante o escaso de ingenio. Quizá los colores se han apagado ligeramente, los materiales muestran el desgaste y están rasgados, las líneas no son del todo rectas, las condiciones no son las mejores. Los arreglos de pared, la disposición de adornos, las pequeñas viñetas de objetos personales, todo indica «vida» más que «objetos». También, en general, existe un significado implícito en lo que la cámara ha decidido destacar: una historia personal, una tradición familiar, la preocupación de un

forma en un lugar agradable; en otras ocasiones, la costumbre y la experiencia dictan un resultado algo más parecido a una habitación en el exterior totalmente amueblada.

Más allá de la valla del jardín o de la puerta se encuentra la calle, arteria de comunicaciones e intercambio, a veces desierta, animada otras, tanto en pequeñas como en grandes comunidades, lugar de color y creatividad. Las calles, plazas y mercados llenos de vida recompensan con creces al observador atento a los detalles: los escaparates de las tiendas antiguas; montañas de productos; artículos para la casa; todos a la vista y presentados con instintivo cuidado. Hay alegría en muchos de estos sitios, una especie de celebración de la forma en que las personas consiguen conservar el optimismo acerca de su futuro, a pesar de las vicisitudes y catástrofes. Es adecuado, por lo tanto, que el libro termine con el ingrediente final, las personas encargándose de sus asuntos, algunos reflexivos, otros indiferentes, pero todos contribuyendo al logro de la Humanidad: crear hogares de miles de formas distintas. Finalizamos nuestro viaje con un estallido grandioso de color creado

QUEBÉC   NIZA

IRLANDA   ROMA

artista por los materiales y las texturas, el respeto por lo autóctono.

Por último, la entrada a la casa nos conduce nuevamente al exterior; ahora surge la oportunidad de mezclar la vida interior con la comunidad. Abandonamos la casa por la terraza, el porche, el patio y el jardín. Algunas veces estos momentos de transición se pueden definir con poco más de una mesa y un par de sillas colocadas casi de cualquier

por los aldeanos de una isla de Filipinas, que transforman con gran ingenio sus casas en una celebración del festival de la cosecha.

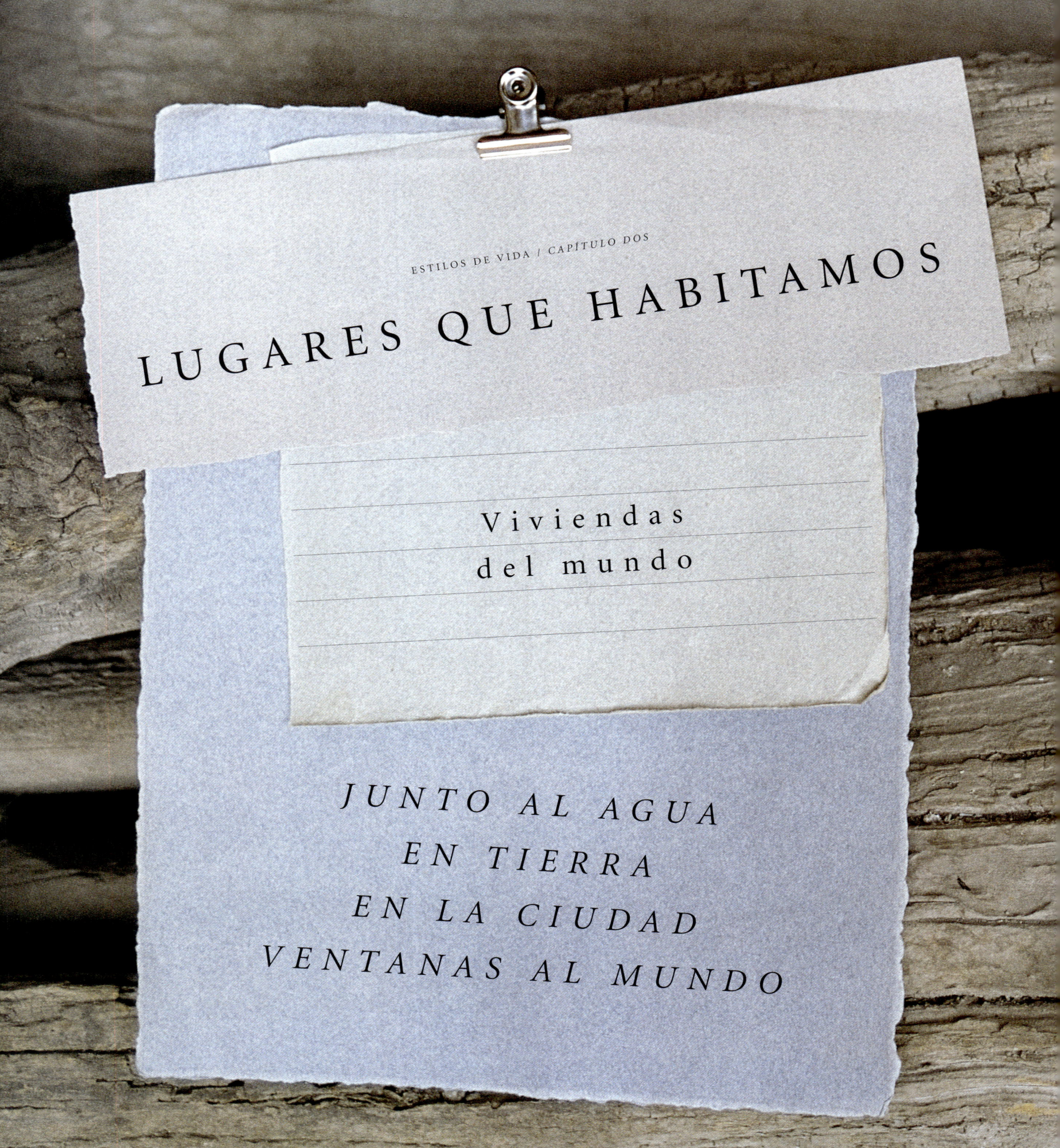

EL DESARROLLO DEL IMPULSO POR CONSTRUIR un techo bajo el que cobijarnos y crear las herramientas necesarias para ello puede ser considerado uno de los avances más importantes de la Humanidad: la transición de habitar cuevas o agujeros en el suelo a reunir los medios necesarios para crear una edificación completamente nueva, de poner, literalmente, un techo sobre nuestras cabezas, es un cambio cultural de una importancia descomunal. Pero, a pesar del instinto básico del ser humano de crear lugares donde los individuos puedan vivir, el grupo o la comunidad en su conjunto, las formas y estilos del resultado final vienen impuestos en gran medida por las condiciones locales, la disponibilidad de madera, piedra, arcilla, metal, y por las consiguientes técnicas que unirán los materiales.

De la aldea costera al centro urbano: estos dos extremos representan sólo una fracción de las variadas ubicaciones en las que podemos elegir vivir y crear nuestros estilos de vida individuales. El lugar donde pasamos la mayor parte de nuestras vidas casi nunca es una elección totalmente libre: necesidad, accidente y, en ocasiones, catástrofes pueden condicionar nuestra decisión. Pero muchos de los lugares que aparecen en las siguientes páginas atraerán nuestros sueños y fantasías, al observar el extraordinario ingenio del ser humano para encontrar soluciones que le permitan vivir en cualquier entorno.

Ya sea haciendo nuestra una casa que aún conserve las pátinas y señales de una larga ocupación por otras personas o construyendo según nuestros gustos e imaginación, siempre existe una satisfacción peculiar en el hecho de ocupar un espacio cerrado en el que prevalece nuestro propio orden frente a lo imprevisible del mundo exterior. Muchas de estas casas parecen haberse construido donde están precisamente para desafiar a su entorno natural. Otras descansan pacíficamente entre los pliegues del terreno, prolongando en sus contornos y materiales la tierra de la que parecen surgir. Podría pensarse que ciudades enteras han crecido y se han fusionado como organismos vivos, y efectivamente ha ocurrido así.

Por el contrario, algunas grandes conurbaciones pueden parecer casi desvinculadas de la tierra en la que hunden sus cimientos y sobre la que se han extendido paulatinamente. El terreno que hay debajo de ellas parece comprimirse hasta dejar de existir bajo las enormes capas de ladrillo y acero, tal como evocan con gran destreza las fotografías de grandes ciudades de Gilles de Chabaneix.

Sin embargo, entre esas elevadas paredes existen espacios emocionantes llenos de imaginación y de vida: casas unifamiliares, apartamentos, lofts, áticos,

LUGARES QUE HABITAMOS | *INTRODUCCIÓN*

tan adecuados para sus habitantes como las casas de campo más majestuosas para el hacendado rural. Tampoco es cierto que todas las altas concentraciones de asentamientos humanos estén separadas de su entorno natural inmediato: las torres y almenas de las casas bereberes en el valle Dra de Marruecos, reflejan los colores y texturas de la tierra misma. Independientemente de su ubicación, todos los lugares ilustrados en este capítulo son muy interesantes y hermosos.

Aquellos de nosotros que elijan vivir junto al agua pueden considerar lo apropiado de un lago, un río o el mar para desarrollar su estilo de vida. Muchas de las casas junto al agua que se han incluido en la primera parte de este capítulo se concibieron claramente como un remanso de paz para sus propietarios. Casitas aisladas del mundo, casas solariegas con balcones y terrazas que miran al mar o incluso apartamentos junto a la playa, representan una alternativa tentadora a la vida en la ciudad. La calidad de la luz y el aire que emanan del agua, luminosa y refrescante, es especial, un tónico revitalizante después de la suciedad y el ruido de una gran ciudad. Los interiores situados junto al agua incluso parecen estar mejor iluminados que los que se encuentran en el interior.

Los distintos tipos de viviendas junto al agua son tan variados que podrían representar por sí mismos una interminable lista de opciones. Incluso entre el espacio relativamente escaso dedicado a este tipo de viviendas en estas páginas, se puede encontrar variedad suficiente para responder a casi

ISLA DE RÉ

cualquier opinión cuando intentamos responder esa pregunta tan importante: ¿dónde deberíamos vivir? En la costa oeste de Irlanda, entre los páramos y lagos de Connemara, alguien ha encontrado la casa ideal... si el aislamiento es una condición primordial. La sensación de estar alejado del bullicio de la ciudad se ve incrementada por una paisaje de gran belleza e impacto, dominado por los tramos de agua del lago.

Otras opciones, mencionadas anteriormente e ilustradas en las próximas páginas, extienden el ideal de vida junto al agua por lugares de todo el mundo, todos ellos de gran atractivo, aunque muy distintos entre sí. Por ejemplo, vivir en una isla conlleva una cualidad muy especial, un concepto que en sí mismo evoca fuertes sentimientos de aislamiento y de estar en contacto con las poderosas fuerzas de la naturaleza, siempre presentes por el constante sonido de fondo del mar.

El agua como complemento decorativo de la casa ha suscitado el interés tanto de arquitectos como de paisajistas. Estanques ornamentales, arroyuelos, saltos de agua, cascadas,

PARÍS

fuentes, canales, incluso lagos, adornan los jardines de las grandes casas de Europa. Pero la utilización del agua dentro o alrededor de la casa se reconoce en todo el mundo como una dimensión adicional del entorno doméstico: en el patio islámico y en los complejos de edificios propios de la arquitectura de Bali, donde la presencia de agua, burbujeante, corriendo o simplemente mansa, aporta un elemento de paz a los edificios y jardines.

Las casas, en especial las que se encuentran en regiones relativamente aisladas, mantienen relaciones muy distintas con la tierra que las rodea, ya sea cultivada o salvaje. Algunas parecen haber sido impuestas al paisaje sin tener en cuenta si su estética era apropiada; otras se esconden discretamente entre los árboles, como asentadas en un parque o una plantación, rodeadas quizá de un jardín, que es una transición del paisaje circundante; otras integran tantos elementos disponibles en el entorno dentro de su construcción que apenas podrían distinguirse de la tierra. No hay duda de que la casa adecuada debe expresar, al menos en parte, el espíritu del lugar en el que se eleva. De lo contrario, cualquier edificio que no esté dentro de comunidades más grandes, parece desentonar con su situación y, por lo tanto, consigo mismo.

Fuera de la tradición europea, las casas de América Latina, África, el sudeste de Asia y, especialmente, Mauricio, parecen fundirse con su entorno ya que las formas y los materiales se han empleado con una gran sensibilidad. Casas largas y bajas, con mucha sombra gracias a las terrazas y porches, proporcionan un agradecido respiro a los días de calor y humedad. Asimismo, los edificios bajos son más propensos a mezclarse con el paisaje, a cobijarse tras cortinas de vegetación; resulta interesante que los dos excelentes ejemplos de Goa y Sri Lanka, respectivamente, se extiendan por el terreno sin la altura que se asocia con el estatus en climas más templados. El reflejo de las culturas locales e indígenas

GRENOBLE

y las condiciones de color y materiales empleados, caracterizan muchas de las casas que aparecen en estas páginas y contribuyen a que tengan un aspecto acabado. Incluso una casa de una sola planta en Los Ángeles puede simbolizar el compromiso de esa ciudad con la estética moderna del siglo XX. El encanto y gran efecto de un nuevo hotel en Kenia es producto de su composición, formada por una serie de «casas» construidas con materiales locales siguiendo las costumbres tradicionales.

Lo que se aplica a las casas, ya sean modestas o lujosas, también se aplica a las comunidades más grandes: aldeas, pueblos o ciudades. Muchos de los asentamientos humanos más antiguos se construyeron probablemente como una forma de protección: un recinto cerrado ofrecía seguridad al grupo para que los individuos pudieran sobrevivir y prosperar. Una vez que el grupo de habitantes estaba establecido, surgían las demás subestructuras de servicios y gobierno. Pero incluso comunidades muy antiguas tienen en común una contradicción y tensión inherentes con las nuevas y planificadas ciudades: ¿cómo equilibrar la privacidad individual con la naturaleza profundamente pública de la construcción, el transporte y el comercio masivo?

Muchas de las ilustraciones de arquitectura urbana privada de este capítulo, y la vida en la ciudad en general, expresan en cierto grado los intentos por encontrar una respuesta al problema entre lo privado y lo público. Calles como las de Bath, Estocolmo y algunas partes de Londres y Nueva York, poseen un sentido del orden creado por una arquitectura nacional basada en el modelo clásico detrás de cuyas pilastras y arquitrabes, la clase media de la ciudad podía retirarse. Los altos bloques de edificios, nacidos gracias a la tecnología del acero y el hormigón, proporcionan otra solución para el alojamiento de grandes masas de personas en circunstancias que garanticen una cantidad razonable de dignidad e individualidad humana.

Este libro empezaba con una ventana, aunque fuera simbólica. Las ventanas como elemento arquitectónico pueden determinar todo el aspecto de una calle o plaza: su línea, escala, la sensación de apertura o de encerramiento y claustrofobia, como los numerosos ejemplos que podrá ver al final del capítulo.

NIZA

LUGARES QUE HABITAMOS

Páginas anteriores
Muy pocos lugares del mundo están totalmente libres de la huella humana. En las llanuras o las montañas, casi siempre pueden verse signos de los esfuerzos del hombre por imponerse al entorno, incluso en los más inhóspitos. Otros paisajes, como la Toscana (*pág. 27*), parecen suplicar por alojar en su riqueza y variedad a las personas; se mire donde se mire, se podrán ver pueblos concentrados en torno a alguna colina, alzándose por encima de viñedos salpicados por las altas copas de los cipreses.

La elección del lugar donde vivimos es, con frecuencia, una forma de expresar cómo deseamos vivir, tanto en lo profesional como en lo personal. Esta casa cerca de Ciudad del Cabo (*superior izquierda*) aparece rodeada por los viñedos de su propiedad; un refugio de pesca es el símbolo mismo del aislamiento en las orillas de un lago escocés (*inferior izquierda*).

El clásico paisaje de la Toscana y una casa de campo en la cima de una colina rodeada por cipreses (*superior derecha*). Esta imagen parece sacada de una pintura renacentista, un ejemplo de esas agraciadas ocasiones en las que el hombre ha creado casas, pueblos y ciudades al unísono con la naturaleza circundante. El acceso a actividades e instalaciones de ocio también puede determinar la elección de un estilo de vida; desde estos chalets alpinos se accede rápidamente a las pistas de esquí (*infeior derecha*) de la estación de Alta Saboya, al este de Francia.

MÁS INFORMACIÓN

REFUGIOS ESCOCESES   14   30
CASAS DE LA TOSCANA   188   217   340
CABAÑAS DE ESQUÍ   42   238   239   383

LUGARES QUE HABITAMOS

CÓRCEGA

CUBA

CHILOÉ

ESCOCIA

BURUNDI

CHILE

TÁNGER

MASSACHUSETTS

CANADÁ

MÉXICO

MASSACHUSETTS

RUMANÍA

Los lugares –comunidades o casas aisladas– en los que elegimos vivir se asientan de distintas formas en el paisaje (*página opuesta*). Algunos están tan compenetrados con la topografía del terreno que parecen haber nacido de la tierra, como la aldea de Burundi o el pueblo en la ladera de la colina de la isla de Córcega. Otros, como el refugio de caza en Escocia o la granja de Massachusetts, a pesar de estar construidos con materiales locales, parecen más el resultado de una construcción reflexiva, de un esfuerzo por dominar el terreno. La agricultura y la cría de animales son los elementos más importantes para el hombre a la hora de dar sentido al entorno natural; de esta manera, en la comunidad rural de Gales (*derecha*), el ganado se desplaza por las carreteras, que son otra forma de habitar la naturaleza.

JUNTO AL AGUA

Las viviendas junto al agua
–ya sea junto al mar o en
las orillas de un lago o un río–
tienensu origen en los principios
de la ocupación humana del terreno.
El agua era fuente de comida
abundante e inmediata,
una forma de transporte
y, en algunos casos, de defensa,
a pesar de que esta sencilla
casita a orillas de un lago en
Connemara, al oeste de Irlanda,
parece perdida y vulnerable
ante la inmensidad del agua y la
montaña.

Todos estos ejemplos de
construcciones junto al agua (*al dorso*)
tienen algo en común, a pesar de las
grandes diferencias respecto de sus
formas y localizaciones: la presencia
del agua realza y da vida a su
posición en el lago, río o mar.
Ciudades enteras como Venecia
y Estocolmo, están iluminadas
por la luz especial que otorga
la proximidad al mar; las casas
solitarias adquieren una dimensión
adicional cuando se encuentran
junto a tramos de agua, ya
sean naturales o artificiales.

LUGARES QUE HABITAMOS

SRI LANKA

LAGUNA DE VENECIA

CHILOÉ

MARSELLA

SANTORINI

IRLANDA

BORA-BORA

BORGOÑA

ISLA DE RÉ

ESTOCOLMO

NORUEGA

BALI

LUGARES QUE HABITAMOS | *JUNTO AL AGUA*

La luz del mar no es igual a la luz en el interior: es más luminosa, más vibrante y, en cierta forma, más pura. La arquitectura sencilla de estas dos poblaciones –una bañada por la fría luz de la costa escocesa (*superior izquierda*), la otra bajo los cielos mucho más meridionales de la isla de Chiloé en el extremo de Chile (*inferior izquierda*)– se transforma en una imagen interesante y atractiva.

Desde el interior hacia afuera; de nuevo, la presencia del agua da vida e ilumina los interiores. Esta terraza de una residencia de verano en el sur de Chile (*superior derecha*) crea la ilusión de estar justo sobre el agua. Las islas más pequeñas, también están cargadas de esa agitación especial que causa encontrarse rodeados por el agua del mar; en la logia de esta villa en Mauricio (*inferior derecha*) se siente la cercanía del agua.

MÁS INFORMACIÓN

CASAS DE CHILE	54	70	71	140	141
	196	249	333	371	379
PORCHES	43	54	374–385		
CASAS JUNTO AL MAR	38	48	78	134	384
IGLESIAS	30	57	60	64	65	66

LUGARES QUE HABITAMOS | *JUNTO AL AGUA*

Una casa junto al mar o en una isla es una solución a la necesidad de escapar de los cada vez más masificados y bulliciosos centros urbanos, para encontrar espacio y luz, y también para crear un acogedor ambiente doméstico. Los propietarios de esta casa (*superior* e *inferior izquierda*) en la Isla de Ré, frente a la costa occidental de Francia, han buscado la simplicidad en estos brillantes interiores, que reciben la fresca luz de la isla. En otra isla francesa, Córcega, el propietario de esta casa (*página opuesta*) construye piezas de mobiliario fantásticas con trozos de madera arrastrados por el mar hasta la playa.

MÁS INFORMACIÓN						
CASAS JUNTO AL MAR	36	37	48	78	134	384
FUNDAS EXTRAÍBLES	113	179	183	190	260	
	297	302	307	313		
PAREDES INTERIORES DE LADRILLO	122	246	265			
CASAS DE VACACIONES	95	118	123	124	136	265
DECORACIÓN MONOCROMA	44	95	126	308	328	
CASAS DE ISLA DE RÉ	136	341				

LUGARES QUE HABITAMOS

EN TIERRA

Todas las casas ilustradas aquí (*estas páginas* y *al dorso*) se han construido en su ubicación precisa como resultado de decisiones muy conscientes. A pesar de que su situación varía, topográfica y climatológicamente, todas dan la sensación de haber sido construidas deliberadamente en sus entornos particulares.

Algunas, sin duda, tienen un aspecto autoritario, con tejados puntiagudos alzándose al cielo, que anuncian su dominio sobre el entorno. Sin embargo, no se puede negar que todas poseen un gran estilo cada una a su manera: muy ornamental en Sri Lanka (*superior izquierda*); villa suburbana en Quebec (*inferior izquierda*); minimalismo moderno en Bélgica (*página opuesta superior*) y clasicismo gustavino en Suecia (*página opuesta inferior*).

MÁS INFORMACIÓN					
CASAS ORIENTALES	53	150	156	158	159
TEJADOS A DOS AGUAS	43	52	53	58	83

Al dorso
Muchas de estas viviendas son básicamente casas de campo, hogar de los propietarios de las tierras inmediatamente circundantes y posiblemente de un terreno mucho mayor. Todas son una combinación de factores históricos, geográficos y sociales, desde un clasicismo europeo ampliamente extendido en Francia y Suecia pasando por formas islámicas en Andalucía hasta la elaboración decorativa en Tailandia.

MÁS INFORMACIÓN					
PORCHES	37	43	54	374	
COLUMNAS Y PILASTRAS	16	21	322	330	333
ESTILO GUSTAVINO	214	215	216	220	

LUGARES QUE HABITAMOS | *EN TIERRA*

CHILE

SUECIA

BORGOÑA

CHILOÉ

MAURICIO

ALTA SABOYA

CANADÁ

MAURICIO

BORGOÑA

BANGKOK

LOT

ANDALUCÍA

LUGARES QUE HABITAMOS | *EN TIERRA*

DORDOÑA

CANADÁ

LUCCA

ESCOCIA

CANADÁ

SRI LANKA

Las casas señoriales, ya sea en la ciudad o en el campo, proporcionaban tradicionalmente seguridad y comodidad. A medida que la necesidad por las primeras declinó, se prestó más atención a las segundas, cuyo ejemplo más destacado es la decoración de los grandes palacios italianos construidos durante el barroco y el renacimiento; aquí se puede apreciar el refinamiento que rodeaba la vida en el palacio de verano de la familia Chigi, Roma (*derecha*).

MÁS INFORMACIÓN

PALACIO CHIGI	192	200	201	203	293	347
PAREDES ENVEJECIDAS	160	176	181	184	203	232
	245	255				
CHIMENEAS DE MÁRMOL	114	190	259	265	295	
PALAZZI ITALIANOS	182	184	186	322		

LUGARES QUE HABITAMOS | *EN TIERRA*

Las casas de campo de las antiguas colonias europeas muestran con frecuencia interesantes mezclas de estilos: indoportugués en Goa (*superior izquierda*) e inglés suburbano en Sri Lanka (*inferior izquierda*). En las fachadas decoradas de forma tan elaborada con abundantes balcones de este palacio privado de Goa, se puede apreciar una grandeza claramente ibérica, un reflejo de la suntuosa vida de la familia para la que fue construido en el siglo XVIII.

MÁS INFORMACIÓN			
CASAS EN GOA	16	65	142
CASAS EN SRI LANKA	146	149	385
TEJADOS DE TEJAS	43	58	356 396

Cada galería del palacio de Bragança de Goa (*superior* e *inferior derecha*) conduce a otra galería a través de puertas con celosías de madera tallada. El espléndido salón de baile, que puede verse en la fotografía, fue redecorado durante el siglo XIX; el suelo de mármol italiano refleja la luz de las arañas belgas. Aún más luz inunda la estancia a través de las ventanas en forma de arco de toda la planta noble.

MÁS INFORMACIÓN
PALACIO DE BRAGANÇA   144   147   376
MUEBLES TALLADOS   161   167   169   277
PUERTAS FRANCESAS   78   82   83   149   177

LUGARES QUE HABITAMOS | *EN TIERRA*

Cuando los materiales de construcción se encuentran disponibles con abundancia en el entorno, las construcciones locales parecen adoptar las formas y colores de la vegetación que las rodea y de la tierra sobre la que se elevan. En la isla de Tahití, paraíso de Gauguin, esta casa junto al agua (*superior izquierda*) apenas puede distinguirse de la densa vida vegetal que la rodea. Un complejo de Kenia (*inferior izquierda*) posee la misma cualidad camaleónica de confundirse con el terreno. El techo forma una bóveda igual a la de los árboles de la selva. En estos lugares, se han aprobado leyes que estipulan que la altura de los nuevos edificios no puede superar la de una palmera.

Algunas cadenas hoteleras mundiales, quizá en reconocimiento al sentido común aplicado en la construcción con materiales locales, han empezado a poner en práctica esta norma en la construcción de nuevos edificios, lo que supone también una importante muestra de reconocimiento y respeto hacia las cultura indígenas. Este hotel de Kurayu (*superior* e *inferior derecha*) en Kenia, cercano a la frontera septentrional con Somalia, está compuesto de veinte *casas* independientes, lo que concede a sus huéspedes una gran independencia al mismo tiempo que disfrutan de los servicios de un hotel de lujo. Todos los edificios están construidos en su totalidad con palmas entretejidas empleando las técnicas tradicionales de la región. Dentro, los temas locales también están presentes en el mobiliario, aunque con una interpretación claramente lujosa.

Al dorso
Una residencia privada construida con materiales locales en la isla indonesa de Sumbawa, al este de Bali y Lombok. Tal como sugieren los objetos que pueden encontrarse en este magnífico espacio, pertenece a un artista que trabaja principalmente con madera, esculpiendo maravillosos y extraños muebles. Al hacerlo, ha adoptado las tradiciones de la comunidad local, emulando la construcción de piraguas a partir de un tronco de madera.

MÁS INFORMACIÓN						
CASAS JUNTO AL MAR	36	37	38	78	134	384
TEJADOS DE PAJA	35	150	152	171	400	456
CASA DE SUMBAWA	15	375				
SOFÁS	298	302	345	347		

LUGARES QUE HABITAMOS | *EN TIERRA*

SAN FRANCISCO

CARIBE

CHILOÉ

MAURICIO

NEPAL

EL CAIRO

FLORIDA

ESCOCIA

BANGKOK

ESLOVAQUIA

LOS ÁNGELES

BURUNDI

LUGARES QUE HABITAMOS | *EN TIERRA*

SALZBURGO

MAURICIO

SAN FRANCISCO

MAURICIO

MAURICIO

IRLANDA

CANADÁ

MAURICIO

TAILANDIA

CHILE

BALI

CHILOÉ

Páginas anteriores
La casa moderna de una sola planta en Los Ángeles, la villa de estilo normando en Mauricio o el recinto islámico en El Cairo; todas estas casas sugieren vida en el margen de la ciudad, en algún lugar donde lo urbano y lo rural se encuentran. Son, en efecto, cada una a su manera, ejemplos de la villa, entre casa de campo y casa en la ciudad.

Incluso, a pesar de que muchas de las casas ilustradas aquí (*página opuesta*) están efectivamente en ciudades, por ejemplo, las casas de 1894 que se encuentran en las colinas de San Francisco («las damas pintadas») o la elegante casa de estilo georgiano de Irlanda, muchas aún conservan cierto sentido de la proporción; no sugieren, sin embargo, la intensidad de la vida de ciudad en apartamentos y casas de fachadas estrechas. A pesar de ello, es paradójico que la fachada de esta casa en la aldea-museo de Massachusetts, en Sturbridge, posea el aspecto tan distinguido de sus antecesoras en Inglaterra y Holanda (*superior derecha*), a la vez que las proporciones de un bloque urbano en el centro de la ciudad de Lúxor, Egipto (*inferior derecha*).

MÁS INFORMACIÓN						
PORCHES	37	43	54	374		
BALCONES	10	21	59	374	383	384
VENTANAS	74	75	76			
PUERTAS	70	71	348	352	353	
FACHADAS CON DIBUJOS	15	58	67	75	357	
CASAS DE AUSTRIA	204	348				
EXTERIORES DECORATIVOS	58	67	75	460		

LUGARES QUE HABITAMOS | *EN LA CIUDAD*

ESTOCOLMO

MANHATTAN

ESTOCOLMO

NIZA

BATH

MANHATTAN

EN LA CIUDAD

Una ciudad es una solución práctica y elegante al problema de vivir en grandes conurbaciones sin perder la privacidad (*página opuesta*). Las casas de ladrillo rojizo de Manhattan, conocidas como *brownstones*, con sus características fachadas de arenisca y escalinatas de entrada, junto con sus análogas en Inglaterra, Irlanda y el norte de Europa, ofrecían una cómoda vida urbana a la floreciente clase media y a los mercaderes del siglo XIX. Sin embargo, la presión de la demanda de alojamiento ha llevado a convertir la mayoría de estas casas en apartamentos con el fin de proporcionar el mismo tipo de vida que los altos bloques de apartamentos que pueden encontrarse en las grandes ciudades europeas y estadounidenses.

La «calle mayor» se repite en un sinfín de formas diferentes en todo el mundo, desde Brasil (*superior derecha*) hasta Irlanda (*inferior derecha*): la calle de la ciudad o el vecindario que sirve a sus habitantes como lugar de reunión, compras, cotilleos, visitas a los bares. En los climas fríos del norte, la vida en la calle es menos común que en los climas del sur con tradición latina. Por desgracia, estos centros de la comunidad están siendo sustituidos por centros comerciales a las afueras de las ciudades.

MÁS INFORMACIÓN					
BROWNSTONES	68				
CALLES PRINCIPALES	62	63			
ESCAPARATES	421	434	435		
IGLESIAS	30	36	60	64	65	66

La forma de torre se ha convertido en la respuesta de la ciudad moderna al problema de las masas de personas que se concentran en los centros urbanos para vivir y trabajar. A pesar de que la oficina de correos (*página opuesta*) de Trivandrum, Kerala, India no tiene la misma función que el moderno bloque de apartamentos de El Cairo (*derecha*), la yuxtaposición enfatiza la forma en que los paisajes urbanos de todo el mundo han pasado a ser mucho más verticales a expensas de su horizontalidad, lo que ha sido posible en gran medida gracias al advenimiento del hormigón armado.

MÁS INFORMACIÓN
TEJADOS A DOS AGUAS	40	43	52	53	83
BALCONES	10	21	54	374	383 384
FACHADAS CON DIBUJOS	15	55	67	75	357
MUEBLES DE EXTERIOR	374	380	386	387	403
TEJADOS DE TEJAS	43	46	356	396	

LUGARES QUE HABITAMOS | *EN LA CIUDAD*

Las concentraciones de población exigen alojamiento. En los lugares en los que las comunidades han crecido sin seguir una planificación, los edificios parecen arracimarse de una extraña forma orgánica, como este grupo de casas e iglesias en la isla griega de Santorini (*superior izquierda*). Por el contrario, la planificación y el orden clásicos, son los principios que guiaron el trazado de la ciudad de Bath, un lugar de hileras de casas adosadas sobre las elegantes terrazas que dan forma al terreno (*inferior izquierda*).

Al igual que los pueblos de la colina de Santorini, los hogares de los bereberes de las montañas en el valle Dra de Marruecos (*superior derecha*) parecen haber nacido de la tierra y se funden totalmente con la piedra local. También demuestran que un gran número de personas pudieron vivir juntas mucho antes de que se elevaran los bloques de apartamentos y edificios industriales de Manhattan (*inferior derecha*).

LUGARES QUE HABITAMOS | *EN LA CIUDAD*

Una calle bloqueada por la nieve en Quebec parece mucho más acogedora gracias a la relativa ausencia de vehículos (*izquierda*). La cercanía de las casas expresa un sentido de comunidad, reforzado por la imagen de los peatones paseando por la calle.

La presencia de un gran número de peatones da vida al entorno urbano. Lo que sucede de forma espontánea y natural en la colorida ciudad en fiestas de Lucban, en la isla Luzón de Filipinas (*derecha*), ahora forma parte de las leyes locales de muchas ciudades y pueblos del mundo occidental: la introducción de zonas peatonales.

MÁS INFORMACIÓN
CALLES PRINCIPALES   57
LUCBAN   15   460   461   463

LUGARES QUE HABITAMOS | *EN LA CIUDAD*

Una parte esencial de cualquier comunidad son las capillas, iglesias y templos, que proporcionan un remanso de paz y lugar para la reflexión. Con frecuencia, su interior expresa claramente la relación de una comunidad con sus prácticas religiosas, creencias y ritos. Una pequeña iglesia en Atacama, al sur de Chile, conserva muchas de sus imágenes y elementos decorativos (*superior izquierda*). Una austera capilla metodista de un pueblo de Gales (*inferior izquierda*) posee una simplicidad de acuerdo con el puritanismo subyacente a esa interpretación particular del cristianismo.

Independientemente de las creencias o el credo de una comunidad, los edificios construidos como lugar de adoración ofrecen una forma de escapar de lo material, algunas veces de las graves preocupaciones del mundo exterior. Los estilos en los que están decorados son formas de celebración para la congregación, cuyos hogares pueden ser todo lo contrario a la opulencia de los altares y capillas ilustrados aquí: en Chile (*superior* e *inferior derecha*) y en un palacio de Goa (*inferior derecha*).

Al dorso
El aspecto público de las iglesias y templos confirma normalmente que son los edificios más importantes de la población, que exigen abundantes atenciones y cuidados y que dominan las casas del entorno con su altura y magnificencia arquitectónica.

MÁS INFORMACIÓN
CASAS DE CHILE 36 54 140 141 333
CASAS DE GOA 16 46 142
IGLESIAS 30 36 57 60 66
HORNACINAS 15 84 344

LUGARES QUE HABITAMOS | *EN LA CIUDAD*

COCHIN

SANTORINI

MÉXICO

CHILOÉ

MÉXICO

CHILOÉ

RUMANÍA

MANILA

COCHIN

MÉXICO

SAN PETERSBURGO

MÉXICO   GUATEMALA >

LUGARES QUE HABITAMOS | *EN LA CIUDAD*

SHANGAI

CHILE

MÉXICO

ESCOCIA

TÚNEZ

COPENHAGUE

MAURICIO

IRLANDA

CHILE

CHILOÉ

CHILOÉ

CHILE

Páginas anteriores
La planificación urbanística en Occidente alcanzó cierta perfección en el desarrollo y refinamiento de las casas de ciudad. Pocas cosas hay más satisfactorias para un amante del orden en la ciudad, que ver una fila de las típicas casas de Nueva York conocidas como *brownstones* o las hileras de casas adosadas del siglo XIX de Inglaterra u Holanda. En el caso de las *brownstones*, la puerta –siempre un elemento importante– adquiere especial importancia por la gran escalinata de piedra que llega a ella desde la acera.

Como medio de transición desde el mundo público de la calle a la privacidad del interior, la puerta principal ha sido reconocida por la mayoría de las culturas como un elemento a cuyo diseño y decoración debe prestarse especial atención (*estas páginas*). Desde la exposición pública de proporciones y orden del estilo georgiano de Irlanda a la impresión de guardar algo secreto protegido por un portal de gran tamaño en Túnez, todas estas puertas nos cuentan algo acerca del edificio al que dan acceso.

MÁS INFORMACIÓN				
PUERTAS	54	348	352	353
ARCOS	344	370	371	
CARPINTERÍA DECORATIVA	335	348	351	354 356
CASAS DE CHILE	36	54	140	141 196
	249	333	371	379
HUECOS DE LA PUERTA	336	344	352	

SAN PETERSBURGO

HELSINKI

HELSINKI

NORUEGA

SALZBURGO

LÚXOR

CANADÁ

IRLANDA

CHILE

LUGARES QUE HABITAMOS | *VENTANAS AL MUNDO*

SANTIAGO

NIZA

BUDAPEST

NIZA

SEVILLA

UMBRIA

NÁPOLES

SHANGAI

SALVADOR DE BAHÍA

CHILOÉ

SUECIA

LUXOR

ROMA

OPORTO

ALTA SABOYA

CHILOÉ

MANHATTAN

OPORTO

NEPAL

BANGKOK

PROVENZA

BOMBAY

ESTAMBUL

ESTAMBUL

LUGARES QUE HABITAMOS | *VENTANAS AL MUNDO*

BATH

NÁPOLES

CHILE

NEPAL

OPORTO

NIZA

MAURICIO

VIENA

CHILOÉ

MARRAKESH

BUDAPEST

PALERMO

NEPAL >

LUGARES QUE HABITAMOS

GOA

GOA

NIZA

MÉXICO

ARGENTINA

PARÍS

VENTANAS AL MUNDO

Al igual que las puertas, las ventanas son elementos de transición entre lo público y lo privado. Si miramos al exterior desde ellas, podemos observar nuestro alrededor desde una posición privilegiada; a cambio, permiten que lo exterior entre en nuestras vidas y espacios de trabajo en forma de aire y luz. De nuevo, igual que las puertas, son detalles importantes en el diseño general de un edificio, trazadas dentro de elaborados marcos o adoptando formas sorprendentes. Algunas veces su forma es estrictamente utilitaria, como las de las viviendas tradicionales de Bangkok (*págs. 72-73*), abiertas entre materiales tan toscos que las mismas estructuras sugieren la actividad del edificio, o la ventana de una casa de Nepal, rodeada de maíz puesto a secar (*pág. 77*).

Si se mira desde el interior al exterior, las ventanas pueden ser detalles arquitectónicos fundamentales de cualquier esquema de decoración interior (*estas páginas*), realzadas por cortinas o por persianas y postigos de diseños elaborados, veladas en parte o abiertas para permitir tener una visión agradable o proporcionando la posición ideal para la silla favorita.

MÁS INFORMACIÓN					
CORTINAS DE ALGODÓN	99	113	130	272	307
VENTANAS ARQUEADAS	74	78	148	325	336
POSTIGOS DE MADERA	151	165	192	199	210
CASAS DE MÉXICO	30	171	246	277	355
BUTACAS DE MADERA	128	134	158	310	456

IBIZA

LUGARES QUE HABITAMOS | *VENTANAS AL MUNDO*

Las ventanas actúan siempre como un marco conforme miramos al exterior o al otro lado de un patio a través de ellas: pacífico paisaje rural en Gales (*izquierda*) o un rincón secreto de La Habana (*página opuesta*). En ambos casos, parece que se nos haya permitido acceder a otros mundos misteriosos.

MÁS INFORMACIÓN					
POSTIGOS	74	75	76	78	79
CRISTAL DE COLORES	78	85	144	154	
CASAS DE GALES	222	224	234	253	338
HABITACIONES DE TRABAJO	132	206	314	456	457

LUGARES QUE HABITAMOS | *VENTANAS AL MUNDO*

En estas imágenes se puede apreciar la eficacia de las ventanas para magnificar las dimensiones de nuestros espacios de vida (*estas páginas* y *al dorso*): las clásicas habitaciones con vistas. La terraza de un tejado ofrece una extensión más a una ventana francesa en una casa de Córcega (*superior izquierda*); desde las ventanas de la casa principal de esta granja modelo de Massachusetts se pueden observar los edificios de trabajo (*superior derecha*).

Esta alta ventana balconada de un apartamento de París se abre a la lujosa arquitectura de la Place de Vosges (*superior izquierda*); detrás de una puerta abierta se encuentran los variados colores del jardín de una casita inglesa en Charleston, Sussex (*superior derecha*). En ambos casos, la división de la puerta o ventana en paneles de cristal más pequeños enfatiza la sensación de estar observando el exterior desde el interior.

LUGARES QUE HABITAMOS | *VENTANAS AL MUNDO*

BANGKOK

SHANGHAI

ISLA DE RÉ

CÓRCEGA

PARÍS

CÓRCEGA

BANGKOK

PROVENZA

PROVENZA

PROVENZA

IRLANDA

PARÍS

ESTILOS DE VIDA | CAPÍTULO TRES

DISEÑADO PARA VIVIR

En el hogar

DE ESTILO MODERNO
SENCILLEZ TRADICIONAL
INFLUENCIAS COLONIALES
DE ESTILO ELEGANTE Y MAJESTUOSO
ESTILOS PARA EL CONFORT
TOQUES PERSONALES
TEXTURAS HEREDADAS
UN NUEVO ECLECTICISMO

AL OBSERVAR DURANTE UNA VISITA LA DEVASTACIÓN y destrucción en que había quedado sumida Italia tras la Segunda Guerra Mundial, el académico y crítico de arte Mario Praz escribió: «Las casas se levantarán de nuevo, y los hombres volverán a amueblar sus hogares mientras les quede un aliento de vida. Igual que nuestros primitivos antepasados construyeron una tosca silla con ramas cortadas a toda prisa, de la misma forma el último hombre salvará de los escombros un taburete o el tocón de un árbol en el que descansar del trabajo y si su espíritu se libera por unos instantes de sus aflicciones, se detendrá un momento más para decorar su habitación». El interés personal de Praz por la decoración de interiores le llevó con el tiempo a reunir una extraordinaria colección de pinturas originales de interiores de todas las épocas, que más tarde publicaría en la obra *Historia ilustrada de la decoración*. Sus opiniones acerca de la necesidad del hombre de embellecer el interior de su hábitat encontrarán abundantes ecos en las páginas siguientes, ya que todos los espacios domésticos y algunos de los espacios públicos ilustrados aquí son prácticamente extensiones directas de las vidas de las personas que los diseñaron y que, en muchos casos, aún las habitan.

Esta serie de ilustraciones no es histórica, ni está relacionada con estilos concretos. De hecho, lo que más llama la atención de muchas de estas habitaciones es el eclecticismo de su disposición y los elementos decorativos de su aspecto, en ocasiones hasta el punto de convertir en positivo un revoltijo y la yuxtaposición deliberada de objetos en apariencia inapropiados. Sin embargo, en un sentido más amplio, humildes o majestuosos, todos estos espacios poseen estilo, ya sea porque están cubiertos por la pátina de una larga ocupación o por la fresca expresión de la moderna visión de sus diseñadores. Si se puede extraer un tema central de las imágenes, es el de la adición y ampliación; comenzamos con diseños bastante sobrios y puristas para progresar en distintas etapas de embellecimiento más o menos tímido, hasta la búsqueda directa de la comodidad y acabar con habitaciones en las que la disposición pura y formal de elementos en apariencia dispares es el principio a seguir.

Una estética moderna se puede aplicar en distintas circunstancias; no siempre surge en edificios y diseños contemporáneos o casi contemporáneos. La disposición de los muebles de una habitación puede ser moderna aunque exista en el contexto de un apartamento del siglo XVII, donde puede que sea incluso más efectiva. De hecho, uno de los interiores modernos más inflexiblemente puros ilustrados es una casa victoriana de Londres convertida. Otro desarrollo de dicha estética es una relativa falta de muebles independientes, lo que nos obliga a prestar más atención a las superficies –paredes y suelos– y a los elementos de conexión como las escaleras. Sin embargo, todavía se puede observar aquí una agitación ecléctica, que resulta más notable en la fertilización cruzada de estilos; así, las influencias orientales y escandinavas se unen en un interior contemporáneo inglés. En Estados Unidos, en particular en Los Ángeles y Chicago, se desarrollaron muchas de las teorías y prácticas del diseño de estilo Bauhaus y encontraron su expresión más plena agrupadas libremente bajo el término «Modernidad internacional» en el trabajo de refugiados políticos europeos.

NUEVA YORK

La sobria elegancia de los interiores modernos puede aplicarse sin dificultad a entornos tradicionales, especialmente cuando el mobiliario y los objetos decorativos son de buena calidad. El periodo y estilo de los interiores puede variar, pero existe una especie de buen gusto que supera las diferencias nacionales, regionales y culturales. Podemos encontrar el mismo espíritu en la reserva controlada de un apartamento de Manhattan, en el fresco interior de una casa de Marrakesh o incluso detrás de las paredes de piedra abovedadas de una casa de la Provenza o Mallorca restauradas.

Existe normalmente cierta homogeneidad en el mobiliario y decoración de estas casas. A continuación, empezamos a fijarnos en el eclecticismo de los interiores, primero desde el aspecto personal y después desde el punto de vista de culturas entremezcladas. Ahora examinamos el uso del mobiliario en distintos estilos, quizá mezclando objetos baratos de estilo clásico adquiridos en grandes tiendas de muebles con piezas más antiguas y rústicas. Los objetos personales comienzan a ganar importancia, reflejando intereses deportivos o culturales. Las cocinas y otras habitaciones de trabajo ofrecen oportunidades valiosas de mezclar utensilios así como objetos decorativos más convencionales; actualmente se reconoce el atractivo de los utensilios de cocina y su derecho a mostrarse abiertamente. Los estudios y bibliotecas también pueden ser espacios muy personales por la disposición de objetos apretados entre los libros o delante de ellos, que pueden parecer estar fuera de lugar en el estilo formal de una habitación de dibujo o un comedor.

Las influencias de otras culturas contribuyen a crear posibilidades especialmente fascinantes. Hemos incluido numerosos ejemplos de estilos orientales, minimalistas y muy ornamentales; ambos extremos son instructivos para el decorador de interiores. El minimalismo en el tratamiento del volumen y la escala de algunos de los interiores ha contribuido a la modernidad occidental, como demuestran algunos de los esquemas ilustrados en la primera parte de este capítulo. Los muebles decorativos

FINLANDIA

–vitrinas, arcones laqueados– pueden ser efectivos en cualquier parte del mundo; también pueden aportar una nota exótica a un apartamento, por ejemplo, de Londres, París o Nueva York. Provocan en nosotros una respuesta al mensaje que transmiten y a la historia y culturas que evocan, especialmente cuando aparecen fuera de su contexto.

Lo que hemos denominado como «Influencias coloniales» analiza varios interiores de una belleza sorprendente cuyo interés es producto en gran parte del encuentro de distintas culturas: hispana con latinoamericana y filipina, inglesa con esrilanquesa y, en un maravilloso palacio de Goa que ha pertenecido a la misma familia durante casi trescientos años, portuguesa e india.

Algunos de los interiores que aparecen en estas páginas son verdaderamente grandiosos, especialmente los de los palazzi de Roma y Sicilia, en los que los decoradores del barroco y el rococó plasmaron sus más desenfrenadas fantasías en la creación de habitaciones pintadas de forma suntuosa y con escayolas de curvas voluptuosas. Lógicamente, esos lugares eran del dominio exclusivo de la aristocracia

PARÍS

o los ricos mercaderes. Cuando las florecientes clases medias de Europa occidental y de América del Norte desearon dar rienda suelta a la expresión de su creciente poder económico, empezaron a cultivar el gusto por una versión tradicional del lujo que incluía los símbolos del bienestar: biblioteca, pinturas, trofeos... de ahí que hayamos heredado los interiores profusamente amueblados y decorados de la era victoriana, que se pueden encontrar en lugares tan dispares como Quebec y Sicilia. A pesar de ello, las diferencias culturales y geográficas pueden ser inconfundibles; por ejemplo, en los numerosos interiores escandinavos y escoceses que pueden observarse en estas páginas, se puede apreciar una economía y circunspección claramente septentrional. Pero existe un ejemplo notable de mezcla cultural en una casa de campo finlandesa decorada con distintas interpretaciones del barroco y rococó meridional. El confort no sabe de clases; todos lo buscamos de acuerdo con nuestras posibilidades. El confort significa calor y cobijo; es el alojamiento de la familia, algunas veces numerosa; es la flexibilidad que se adapta al invierno y al verano, al calor y al frío, a los niños que van creciendo; también es la libertad para disfrutar de la compañía de los amigos, de las posesiones más preciadas, de proteger una atmósfera que uno mismo ha creado entre las paredes de una casa. Desde la humilde cabaña del pastor, pasando por la casa de troncos (ambos ejemplos se conservan en los museos y ahora son una fuente importante para el conocimiento de nuestro entorno doméstico pasado) hasta los apartamentos metropolitanos rebosantes de libros, pinturas y objetos decorativos de vidas urbanas de gran energía cultural, la búsqueda de un entorno acogedor y personal es una fuerza sin duda muy poderosa. Esta proyección del individuo a través de la decoración adopta distintas formas: la exposición de objetos personales o colecciones, que van desde dedales a tejidos de lujo, el tema elegido para las habitaciones o incluso la adopción de una actitud liberal hacia la decoración, que supone la mínima intervención en lo que ya estaba allí. De este modo, pueden dejarse sin tratar las paredes, sin pulir los suelos e inacabadas las pinturas y molduras.

SAN FRANCISCO

El coleccionismo puede considerarse como una etapa más en el proceso de crear una atmósfera específica; la disposición y exposición formal que aparecen en las últimas páginas de este capítulo son las expresiones visuales de un deseo por parte de los propietarios de vivir de una forma muy particular y personal. Pero a pesar del espíritu unificador de la formalidad en las vitrinas, cocinas, salas de estar y dormitorios de lugares tan distintos como la Provenza, París, Nueva York y Milán, ninguna de estas habitaciones tiene el aspecto muerto de un museo sino que todas conservan el espíritu de la persona o personas que las crearon.

DISEÑADO PARA VIVIR

DE ESTILO MODERNO

Estos dos apartamentos (*páginas anteriores* y *estas páginas*) expresan una estética esencialmente moderna mediante la yuxtaposición de escenarios y objetos. En primer lugar, el generoso espacio de un apartamento del siglo XVII en París ha sido desnudado hasta su esencia para albergar una colección de muebles clásicos del siglo XX. Las sillas y mesas, a pesar de pertenecer a épocas muy distintas a la de la inmensa sala de estar, no parecen extrañas a ella; pero, por otro lado, las líneas de las piezas de Jean Prouvé, Charlotte Perriand y Harry Bertoia expresan también un nuevo clasicismo.

En contraste, el apartamento que aparece aquí (*estas páginas*), que pertenece a un diseñador de interiores de París, tiene un aspecto totalmente contemporáneo en sus habitaciones, pero los objetos que contiene son conscientemente decorativos: una araña opulenta, espejos antiguos con marcos rococó y un sofá con respaldo abotonado. Las estanterías se ocultan tras las voluminosas cortinas que se abren con largas varas de bambú.

DISEÑADO PARA VIVIR | *DE ESTILO MODERNO*

Tras la tradicional fachada de una casa londinense se encuentra este interior (*superior*), fresco y minimalista, de apariencia escandinava e inspiración oriental. Las ordenadas líneas del diseño comienzan en el mismo suelo, de anchos tablones de pino de Oregón. Se han suprimido todos los elementos decorativos del interior original de estilo victoriano así como los tabiques; sólo quedan dos vestigios en la forma de las dos chimeneas, dotadas de proporciones horizontales para acentuar la longitud de la habitación y simplificadas hasta su esencia funcional más básica. Los objetos que podrían restar fuerza al diseño rectilíneo se ocultan en armarios espaciosos que llegan del suelo al techo.

Otro ademán hacia un acercamiento más llamativo a la decoración en este sencillo interior mallorquín (*superior*) es la forma estrellada de las luces del techo. Por otro lado, todo aquí es simplificación, desde las sillas de director hasta la ingeniosa creación de una chimenea construyendo una segunda pared, que hace las veces de campana.

DISEÑADO PARA VIVIR | *DE ESTILO MODERNO*

La disposición del mobiliario en este apartamento de San Francisco (*superior* e *inferior izquierda*) destaca las ventanas como puntos de atención. La utilización del espacio de una forma tan flexible y fluida es muy apropiada en apartamentos contemporáneos, donde las habitaciones suelen deshacerse de todas sus características tradicionales.

MÁS INFORMACIÓN						
MUEBLES DEL SIGLO XX	90	110	300	313	314	316
APARTAMENTO DE SAN FRANCISCO	89	138				

El efecto de un estilo moderno totalmente desnudo es muy similar en todas estas casas. La diferencia radica en el hecho de que una (*superior derecha*) es una reforma maestra capaz de transformarse dentro de una tradicional casa londinense de estilo victoriano mientras que la otra es parte de una construcción moderna concebida y realizada íntegramente por Richard Neutra en Los Ángeles (*inferior derecha*). Sin duda, la marca de estilo moderno internacional propia de Neutra dio forma en gran medida a la visión sobre el diseño de esa ciudad desde los años treinta a los sesenta, al promover espacios frescos y tratados de una forma lógica, la interpretación californiana del trabajo europeo de Gropius y Le Corbusier.

MÁS INFORMACIÓN
INTERIORES
MINIMALISTAS   94   98   100   104
ESCALERAS   232   234   254   281   314
            322   326   328   330   332
SUELOS DE MADERA   89   112   113   114   125   140
CASA DE NEUTRA   53

DISEÑADO PARA VIVIR | *DE ESTILO MODERNO*

La lograda gestión del espacio es la clave en la mayoría de los trabajos de diseño interior moderno. Una relativa ausencia de muebles auxiliares concentra la atención en las paredes, suelos y elementos de conexión como escaleras o aperturas. En esta casa reformada de Londres (*pág. 97*), la cocina y los dormitorios se conectan con otras partes de la casa por arcos cuadrados abiertos (*superior izquierda* e *inferior derecha*). La influencia del minimalismo japonés resulta evidente en la habitación. El uso ingenioso y espectacular de los espacios adyacentes es la característica principal de esta casa de Bruselas: una escalera que conduce a un dormitorio luminoso y despejado que, a su vez, da paso a una terraza con suelo de madera de teca (*superior derecha*).

La imagen de los espacios industriales reformados se suele asociar con Nueva York y la moda de los lofts; sin embargo, esta imprenta reconvertida se encuentra en París (*inferior izquierda* y *página opuesta*). Para ser fiel a los orígenes del edificio, en el baño se han utilizado elementos industriales: un perchero para toallas y pavés de cristal de uso industrial. Las cortinas de algodón blanco suavizan las líneas de la zona de lectura del entresuelo mientras que las curvas de la silla modernista «Butterfly», diseñada en los años treinta, y la forma ondulante de «La Chaise», creada por Charles Eames, contrarrestan la linealidad.

MÁS INFORMACIÓN				
INTERIORES MINIMALISTAS	94	97	100	104
ESTANTERÍAS	201	202	204	246 248
	249	252	310	316
BAÑERAS	102	104	107	195
DORMITORIOS	101	133	312	
SILLAS DE MARIPOSA	102	130	131	390 405

DISEÑADO PARA VIVIR | *DE ESTILO MODERNO*

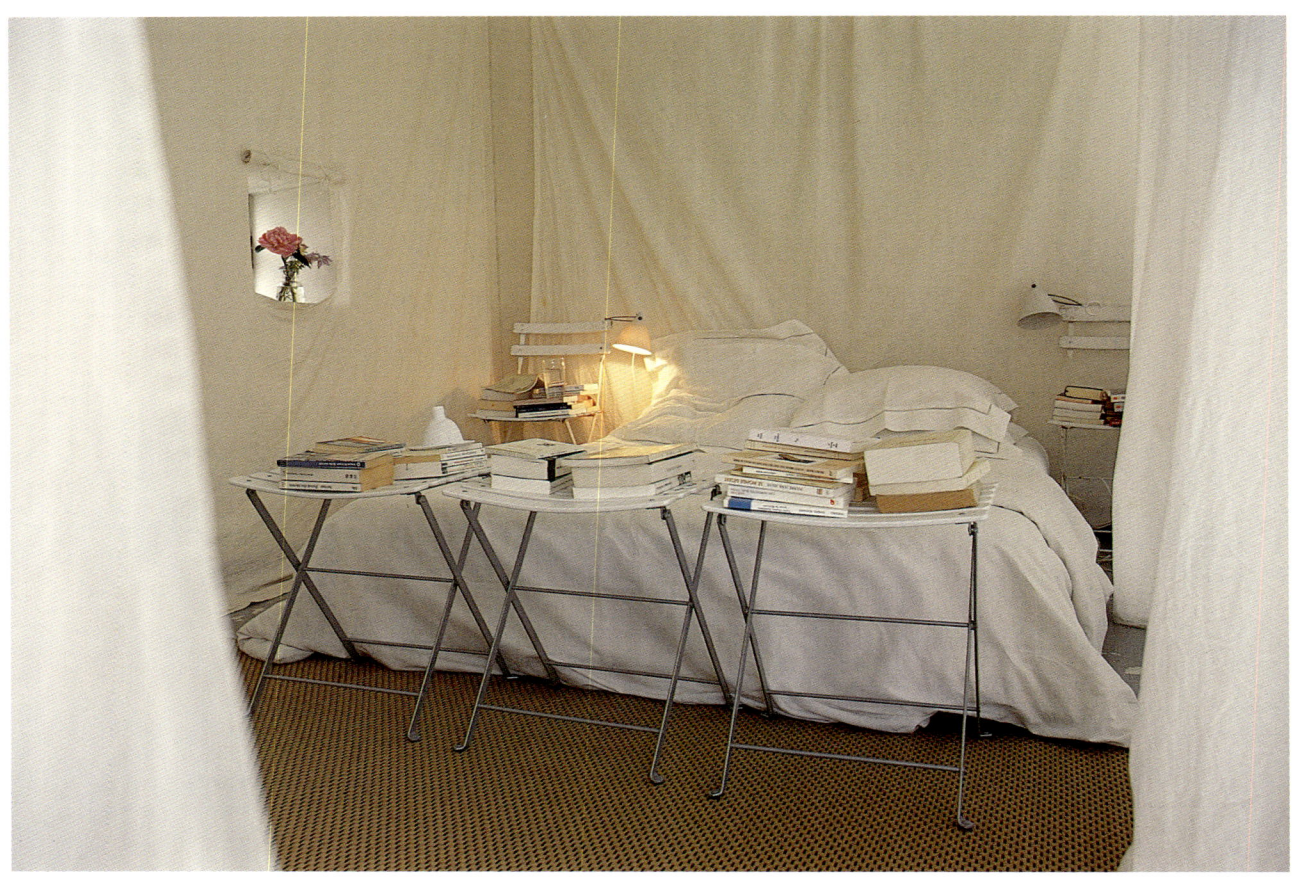

Las rígidas líneas y gamas de color de los interiores modernos se pueden contrarrestar con éxito, y también destacar, mediante la introducción de formas y materiales más suaves en el esquema decorativo. Los interiores ilustrados aquí (*superior* e *inferior izquierda*), en París y Londres, poseen el rigor del minimalismo contemporáneo pero al mismo tiempo ambos son más atractivos por la presencia de materiales textiles y otros elementos aislados: cubrecamas voluminosos, los contornos de un gran edredón; un jarrón con flores. En el apartamento de París, toda la habitación ha conseguido un efecto de suavidad por las cortinas de algodón que cubren todas las paredes como una tienda de campaña.

MÁS INFORMACIÓN					
CORTINAS	78	79	92	99	113 126
SILLAS PLEGABLES	95	123	135	286	383
CASA DE LONDRES	94	97	103	104	328
HABITACIONES EN EL ÁTICO	124	133	239	243	263
	310	313			

En estos dos interiores –en París (*superior derecha*) y Mallorca (*inferior derecha*)– se ha introducido una serie de elementos que mitigan lo que, de otra manera, sería un efecto muy espartano. Un cuadro de gran tamaño, con motivos gráficos muy fuertes, domina esta área de entresuelo. Esta casa de verano en Mallorca, hogar de un diseñador de alfombras, a pesar de ser de construcción reciente, consigue reflejar tradición en las vigas vistas y los techos inclinados. Objetos de pie de formas limpias y un jarrón con flores ofrecen otros puntos de atención.

MÁS INFORMACIÓN

IMPRENTA DE PARÍS	98	99	109	
VIGAS DE MADERA	124	142	149	243 263
MUEBLES DE ÁFRICA	295	313	317	351

DISEÑO PARA VIVIR | DE ESTILO MODERNO

Todos los cuartos de baño ilustrados aquí son utilitarios (*estas páginas*); también son espacios bellos y fascinantes, un reflejo del estado moderno de esta estancia como lugar al que el diseño debe prestar atención. A pesar de evitar toda decoración superflua, la calidad de los materiales y el estilo de los complementos convierten estos espacios en lugares donde dejar pasar el tiempo tranquilamente. La presencia de una toalla doblada, una fotografía en la pared o un jarrón de flores realza las duras superficies de zinc, acero inoxidable y cerámica blanca.

DEVON

CARPENTRAS

MÁS INFORMACIÓN					
BAÑERAS	98	104	107	195	314
LAVABOS Y FREGADEROS	105	106	224	275	288
	290	363			
CASA DE DEVON	326	333			
SILLAS DE MARIPOSA	99	130	131	390	405

PARÍS

CARPENTRAS

LONDRES

PARÍS

MALLORCA

PARÍS

DISEÑO PARA VIVIR | *DE ESTILO MODERNO*

La estética moderna no significa necesariamente un diseño aburrido. Las formas de los accesorios de una casa de Londres (*superior*) son enigmáticas por sí mismas, a pesar de que contiene las líneas propias de un acercamiento purista a la decoración. Los cuartos de baño son interpretaciones de formas tradicionales japonesas; la ducha es un entorno completo e integrado en el que el agua desaparece por conductos de desagüe ocultos en el suelo.

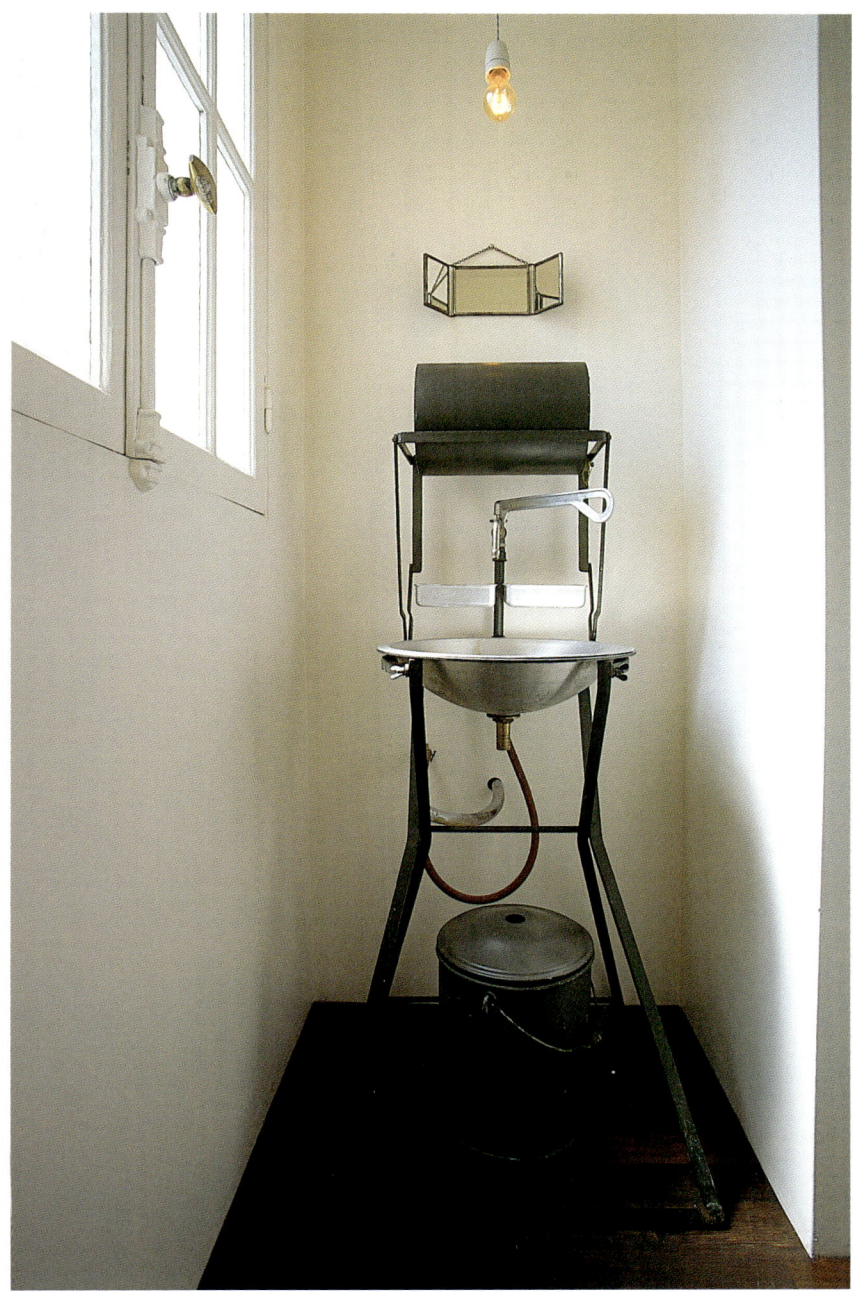

Adoptando un acercamiento algo distinto para introducir la fantasía en un cuarto de baño que por otra parte es sencillo, los propietarios de estas dos viviendas de París (*superior*) han elegido dar vida a espacios pequeños instalando en ellos accesorios muy decorativos, que parecen aún más espectaculares al encontrarse en un entorno totalmente blanco y poseer un aspecto surrealista que surge de la yuxtaposición de objetos dispares y de su aparente incongruencia.

DISEÑO PARA VIVIR | *DE ESTILO MODERNO*

A pesar del estilo claramente contemporáneo en el color y las formas, los cuartos de baño ilustrados aquí son lugares claramente dedicados al placer. Los materiales y añadidos decorativos ponen de manifiesto que son entornos en los que se atiende la satisfacción de los sentidos. Objetos decorativos cuidadosamente colocados proporcionan una distracción elegante en Marrakesh (*superior izquierda*). Una forma de dotar de una nota de interés a cualquier cuarto de baño es crear una pequeña presentación de frascos de perfume y de colonia (*inferior izquierda*).

En este baño italiano se percibe aún más una sensación de lujo sibarita (*superior derecha*), por ejemplo, por las paredes de las que cuelgan grabados enmarcados. Las paredes y la bañera de este baño morisco (*inferior derecha*) están cubiertas del tradicional estuco a la cal.

MÁS INFORMACIÓN

CUARTOS DE BAÑO	98 102 104 153 195 196 284
CASAS MORISCAS	126 344 389 390
PAREDES DE TERRACOTA	128 145 286 288
TECHOS ARQUEADOS	116 118 123 208 212 219
ESPEJOS	105 115 131 229 341

En ocasiones, las cocinas modernas pueden tener un aspecto claramente industrial; este ejemplo de un apartamento de Bruselas está dominado por muebles ordenados lineales y por la campana extractora (*página opuesta*). Este efecto algo espartano puede suavizarse al dejar visibles los utensilios de cocina con su variedad de formas y colores. El número de objetos que se puede ver en esta cocina de París (*superior derecha*) denota que los propietarios son grandes aficionados a la cocina. En otro apartamento de París (*inferior derecha*), se utilizan muebles de almacenamiento semiindustriales, pero se consigue un efecto vivo por la acumulación visible de vajillas y utensilios.

MÁS INFORMACIÓN

IMPRENTA DE PARÍS	98	99	101		
COCINAS MODERNAS	111	120	309	311	316
ALMACENAMIENTO ABIERTO	110	138	139	308	320
MESAS OVALADAS	220	258	288		
CONVERSIONES	88	142	268	310	313	316
PASAMANOS	83	98	158	324	328

DISEÑO PARA VIVIR | DE ESTILO MODERNO

Encontrar maneras de enlazar el comedor con otras partes de la casa, como la cocina o la sala de estar, requiere cierta inventiva decorativa. La introducción de muebles de almacenamiento abierto puede ser la solución. Este impresionante aparador azul de una cocina de Sicilia extiende de forma inmediata las posibilidades decorativas de la habitación (*superior izquierda*). En este apartamento de París (*inferior izquierda*), la pared que separaba el comedor de la sala de estar se ha sustituido por dos pilares de metal que dejan ver la magnífica mesa «Trapèze» y las sillas «Standard» diseñadas por Jean Prouvé. La moda *hi-tech* pasó al centro de las artes decorativas y del diseño interior en los setenta; se caracterizaba por el uso de objetos y equipos industriales muy resistentes en contextos domésticos. El comedor de una casa provenzal recoge resonancias de este estilo con las sillas de acero fabricadas en serie y por el frigorífico industrial con ruedas (*página opuesta*).

MÁS INFORMACIÓN					
COCINAS MODERNAS	109	120	309	311	316
ALMACENAMIENTO ABIERTO	109	138	139	308	320
COMEDORES	88	94	116	130	136
	171	226	285		
MUEBLES RECICLADOS	105	141	257	315	317
MESAS MODERNAS	88	94	137	316	458
SILLAS METÁLICAS	130	266	308	331	406

DISEÑADO PARA VIVIR | *DE ESTILO MODERNO*

A la hora de crear habitaciones que llamen nuestra atención, las líneas y formas simples son tan efectivas como las muestras de opulencia. Sin duda, la elegancia del diseño oriental más refinado ha servido con frecuencia como fuente de inspiración a los arquitectos y diseñadores modernos occidentales. Sin embargo, el creador de esta casa de Tokio (*superior izquierda*), el alfarero Shoji Hamada, se vio influenciado por un occidental, el inglés Bernard Leach, otro defensor de la utilización en las artes decorativas de espacios despejados con formas terrosas. Las habitaciones de esta casa de Carpentras (*superior derecha*) están conectadas por arcos con celosías de inspiración japonesa.

Estos dos interiores, uno en Nueva York (*superior izquierda*) y otro en París (*superior derecha*), irradian un elegante estilo moderno en su distribución del mobiliario formando grupos sencillos y ordenados. A pesar de ello, la forma de las sillas y sofás sugiere una preocupación más anticuada respecto de la comodidad. El elegante chic del interior parisino se debe en su totalidad a la armonía con el espíritu de la organización a la que pertenece, la casa Chanel.

DISEÑADO PARA VIVIR | *DE ESTILO MODERNO*

Sería razonable esperar que un apartamento de Manhattan exhibiera algunas de las cualidades propias de la devoción de Nueva York por el cambio y el progreso en los siglos XIX y XX. Y no hay duda de que la colocación de los muebles de estas dos habitaciones (*estas páginas*) es directa y moderna. Los efectos de la luminosidad y amplitud aumentan por la presencia de grandes espejos sobre las chimeneas y por dos suntuosas lámparas Fortuny.

Los muebles pertenecen a principios del siglo XIX; en particular, destaca una pieza muy interesante, la cama de estilo Imperio con sus característicos acabados ondulados. El mobiliario estadounidense de aquella época estaba muy influenciado por la moda francesa, al haberse establecido varias firmas de ebanistas en Nueva York durante aquellos años, que escapaban de la inestabilidad política de Europa.

SENCILLEZ TRADICIONAL

Los tradicionales techos abovedados, especialmente si son bastante bajos, crean una sensación de intimidad y resguardo, ideal para un comedor o como lugar en el que charlar con los amigos más íntimos. La mampostería toscamente tallada de una casa de la región italiana de Apulia ofrece un marco ideal, con salida a un patio, para comer al aire libre (*superior izquierda*). El comedor interior, de la misma casa (*superior derecha*) adopta la misma forma pero con un acabado más pulido, aunque originalmente era un establo.

En la misma casa italiana (*superior derecha*), una sala de estar más relajante ocupa espacios muy interesantes creados por la relación de varios arcos y techos abovedados. El arco, como forma arquitectónica, tiene una gran importancia en el mundo islámico, ya que evoca el mihrab, tema que se repite en todas las alfombrillas para la oración. Este ejemplo, un rincón donde conversar (*también comedor de invierno*) de una casa de Marrakesh (*superior izquierda*), está decorado con motivos policromos delicadamente trabajados. Las paredes están cubiertas hasta media altura por lienzos acolchados decorados con motivos de las tiendas nómadas del desierto. El diseño de las sillas procede de las tradicionales formas marroquíes.

En las antiguas casas de piedra de toda la región del Mediterráneo, el arco de medio punto y los techos abovedados son formas tradicionales que se construían normalmente con la dura piedra local que cuando se limpia, se convierte en un elemento decorativo por sí mismo.

Bajo esta majestuosa bóveda, que en otro tiempo perteneció a un establo de esta casa en Mallorca (*superior*), los propietarios han instalado una sala de baños. Una de las escasas modificaciones realizadas es el suelo, que se ha cubierto con un mosaico de pasta vidriada azul.

La habitación abovedada de esta masía provenzal, hogar de un diseñador de interiores francés, acoge un ligero y fresco dormitorio (*superior*). La superficie rugosa de las paredes se ha limpiado pero conserva el encanto rústico de todo el conjunto. El suelo se compone de las tradicionales baldosas de terracota provenzales. La forma del arco se repite en las ventanas y puertas, y contrasta con los ángulos de la cama elegida.

Al dorso
Una vez más, encontramos la forma abovedada en el comedor de una casa de Mallorca, en la que las recientes modificaciones han conservado la fuerza y franqueza de los materiales de la estructura original. En uno de los lados de la habitación, se ha construido una chimenea para proporcionar ventilación a la parrilla situadaa la altura de la mesa; debajo de ella, hay una leñera.

DISEÑADO PARA VIVIR | *SENCILLEZ TRADICIONAL*

Todos estos dormitorios demuestran un principio básico del diseño: las fuertes líneas de estilo tradicional de un edificio y su interior se pueden realzar mediante disposiciones acertadas de objetos personales interesantes y muebles de líneas suaves. Un arco hace las veces de cabecero perfecto para la cama (*esquina superior izquierda*) de este apartamento parisino y un lugar perfecto para colgar parte de la colección de pinturas y fotografías de artistas contemporáneos de los propietarios. Otros objetos personales se amontonan sobre las mesillas de muchos cajones. En este dormitorio de Marrakesh (*superior izquierda*), la cama y el sillón a juego son elementos decorativos de mucha fuerza por sí solos. Las telas ligeras de las cortinas, colchas y cojines dan vida a estos dos dormitorios, uno en Francia (*inferior izquierda*) y otro en Sicilia (*esquina inferior izquierda*). Incluso este dormitorio de invitados, que recuerda el aspecto de la celda de un monje, en una casa de la Provenza (*página opuesta*) tiene un toque personal por las tradicionales jarrones de terracota que son decorativas a la vez que prácticas.

MÁS INFORMACIÓN					
PAREDES INTERIORES DE LADRILLO	38	246	265		
SILLAS PLEGABLES	95	100	135	286	383
TECHOS ABOVEDADOS	107	116	118	208	212	219
CAMAS DE CUATRO PATAS	142	146	151	158	165
CASAS DE LA PROVENZA	111	119	124	129	266

DISEÑADO PARA VIVIR | *SENCILLEZ TRADICIONAL*

La sencillez en la estructura y la decoración son muy apropiadas en climas cálidos. Tanto este dormitorio (superior) como la habitación de los niños (*página opuesta*) se encuentran en una casa de la Provenza.

Ambos poseen una actitud
directa hacia la construcción
y la decoración. Pero la integración
de un elemento decorativo,
la alfombra oriental,
tiene un efecto espectacular
instantáneo.

Estancia que invita y promete conversaciones íntimas y agradables al mismo tiempo que relajantes por la combinación de grises y blancos. Esta habitación de una *riad* de Marrakesh combina extraordinariamente lo tradicional y lo nuevo. Las formas sencillas y directas de los sillones y la chimenea son el complemento perfecto para la rica textura de las pesadas cortinas que protegen de los rayos del sol y del frío de la noche. En el suelo, la tradicional alfombra tuareg de paja tejida y cuero. Aunque en la fotografía no se aprecia, el techo tiene la forma de un bote invertido.

DISEÑADO PARA VIVIR | *SENCILLEZ TRADICIONAL*

Los interiores ilustrados en las siguientes páginas se han elegido porque incorporan en su esquema decorativo elementos muy distintos, con carácter muy personal pero a menudo de orígenes muy diversos. El énfasis recae principalmente en el contenido de las habitaciones, algunas veces sencillo, otras complejo, algunas veces exótico, otras ecléctico, pero siempre fascinante e inspirador. Los distintos niveles del techo y la pared de este dormitorio de Marrakesh (*superior*) lo convierten en un lugar de sutiles complejidades, el marco adecuado para unos muebles cuya dureza se contrarresta con el delicado toque decorativo de las lámparas de estilo marroquí tradicional.

Esta habitación de una casa provenzal (*superior*), vivienda vacacional de un diseñador de moda, pintada entera de blanco con vigas vistas, gana calidez y atractivo por la utilización de muebles bajos muy bien escogidos, incluidos dos taburetes de África del Norte, que hacen las funciones de mesitas auxiliares. Las notas de color encienden sin sobrecargar todo el conjunto; grandes candelabros de pie proporcionan puntos de interés alternativos a las hipnóticas llamas de la chimenea.

DISEÑADO PARA VIVIR | *SENCILLEZ TRADICIONAL*

Estos dos interiores (*superior* e *inferior izquierda*) de la misma casa de Carpentras, en Provenza, muestran cómo un acercamiento ecléctico a la hora de adquirir muebles y objetos puede dar lugar a un ambiente doméstico muy acogedor a la vez que eficiente. Muchos de los muebles son diseños del propietario, fabricados con materiales poco costosos. Otros se rescataron de tiendas de segunda mano, como la lámpara de arquitecto de los años cuarenta, o se compraron en almacenes de decoración.

MÁS INFORMACIÓN					
COMEDORES	88	94	110	116	136
	171	226	285		
SUELOS DE HORMIGÓN	226	227	310	317	
CORTINAS DE ALGODÓN	79	99	113	272	307
ESTUDIOS	181	203	246	444	456
SILLAS DE METAL	111	266	308	331	406

La casa de Marrakesh mostrada en páginas anteriores (*págs. 126-128*) contiene varias habitaciones más pequeñas de las que los propietarios han hecho buen uso mediante la colocación muy estudiada de objetos pequeños, como sombreros tradicionales, y muebles sencillos (*superior derecha y esquina superior derecha*). Una característica común a todas las estancias son las lámparas tradicionales que cuelgan del techo, con sus distintivos diseños. En una casa de Córcega, un espacio potencialmente «muerto» (*esquina inferior derecha*) se recupera colocando en él dos grandes cestas de paja y extendiendo el color de la parte baja de los muros hasta el marco inferior de la ventana.

Al dorso
En todos los espacios interiores ilustrados aquí es evidente una parecida atención al detalle. Algunas veces es el espacio de transición –la escalera, el pasillo o el rellano– el que requiere más atención en lo que respecta a la decoración o el color, antes que las amplias proporciones de las habitaciones principales. Pero incluso en éstas, es importante crear rincones interesantes fuera del eje principal de atención. Todos estos espacios utilizan un color de fondo pálido salpicado con notas de tonos más brillantes e intensos.

MÁS INFORMACIÓN					
HORNACINAS	122	128	213		
CASA DE CÓRCEGA	84				
LUCES MORISCAS	128	129	133	390	
ESPACIOS DE TRANSICIÓN	132	314	332	336	
ESPEJOS	105	106	115	229	341
ARREGLOS DE PARED	134	199	252	351	365

DISEÑADO PARA VIVIR | *SENCILLEZ TRADICIONAL*

PROVENZA

IBIZA

IBIZA

SICILIA

SICILIA

PARÍS

PROVENZA

MANHATTAN

TÚNEZ

NIZA

MARRAKESH

PARÍS

CÉVENNES

ITALIA

NÁPOLES

CÓRCEGA

PARÍS

BALI

PROVENZA

PARÍS

MARRAKESH

IRLANDA

SAIGÓN

TÚNEZ

Un efecto decorativo efectivo no siempre se consigue por la utilización de objetos o muebles interesantes. En algunas ocasiones, la fantasía personal puede convertirse en una forma de decoración; en esta casa de la Isla de Ré, Francia, la afición del propietario a los deportes le ha proporcionado un friso de pared. El mobiliario es una mezcla ecléctica de lo formal y lo informal, aunque la disposición está muy cuidada.

DISEÑADO PARA VIVIR | *SENCILLEZ TRADICIONAL*

ISLA DE RÉ

En el diseño de este comedor hogareño y funcional a la vez, se han elegido piezas de mobiliario clásico de unos grandes almacenes, como pueden ser Habitat o Ikea, que resultan tan efectivos como artículos más caros. Mezcladas con otras piezas más antiguas, que también pueden encontrarse en tiendas de decoración y de regalos relativamente económicas, se puede crear un ambiente cálido e informal como en las cocinas-comedor que aparecen en estas páginas. Únicamente el comedor minimalista parisino (*página opuesta, esquina inferior derecha*) llama la atención por la forma escultural de la única pieza de mobiliario.

ISLA DE RÉ

MÁS INFORMACIÓN						
COMEDORES	88	94	110	116	130	
	171	226	285			
CASAS VACACIONALES	38	95	118	123	124	265
SUELOS DE BALDOSAS	144	151	188	228		
TECHOS A LA VISTA	120	125	148	174		
MESAS REDONDAS	141	145	300	304	415	
MESAS MODERNAS	88	94	111	316	458	
MUEBLES DE MADERA CURVADA	141	176	275	329		

ISLA DE RÉ

SEVILLA

MALLORCA

SICILIA

PROVENZA

PARÍS

DISEÑADO PARA VIVIR | *SENCILLEZ TRADICIONAL*

El carácter de la vida urbana moderna con frecuencia da un mayor énfasis a la función central de la cocina en nuestra cultura; por motivos de espacio, éste es el lugar donde en muchos hogares se come y donde se puede servir la comida directamente desde los fogones. Por esta razón, debemos asegurarnos de que la cocina sea un lugar agradable, utilizando vajillas, frutas y flores que la hagan más atractiva como en este ejemplo de San Francisco (*superior izquierda*) o en la versión más rústica de Mallorca (*inferior izquierda*).

MÁS INFORMACIÓN					
APARTAMENTO DE SAN FRANCISCO	89	96			
ALMACENAMIENTO ABIERTO	109	110	308	320	
ESTANTES DE COCINA	109	171	218	222	238
	275	363			
ASPECTO RÚSTICO	132	266	275	279	
CERÁMICA DECORATIVA	291	361	363		

Si alguien nos busca, seguramente nos encontrará en la cocina; la combinación de calor y aromas nos trae el recuerdo de un pasado ancestral, el fuego comunal. La cocina se asocia al ajetreo, bullicio, riqueza y madurez. Es la habitación que dirige toda la casa, por lo tanto, esta cualidad la convierte en un lugar ideal para permitirse alguna concesión en los detalles decorativos, mostrando objetos de formas interesantes pero sin valor económico, como esta colección de cuencos y teteras de una cocina irlandesa (*inferior derecha*); incluso el frigorífico ofrece oportunidades de decoración. Los utensilios de cocina, en especial las sartenes brillantes y las cestas, combinadas con hierbas o fruta, pueden resultar muy decorativas; aquí en una cocina de la isla de Ibiza (*superior derecha*).

MÁS INFORMACIÓN

ARREGLOS DE COCINA	141	220	224	238	290
	360	362	419	438	
COCINAS COMPACTAS	132	133	316	363	

Esta magnífica cocina de una casa de Santiago, Chile, ha sido diseñada claramente como un templo dedicado a las artes culinarias (*página opuesta* y *superior izquierda* y *derecha*). Todo lo necesario para cocinar se ha situado en el centro, debajo de la potente y escultural campana extractora de forma abstracta. También cabe destacar la posición primordial de la mesa, que nos recuerda la importancia de esta superficie para preparar la comida y comer. Después de todo, ¿quién necesita un comedor si la mesa de la cocina es grande y cómoda? La mesa reúne a grupos de personas y familias y los asocia con la preparación y el consumo de la comida. Estos ejemplos (*inferior derecha* y *esquina inferior derecha*), uno en Buenos Aires y otro en un rincón que hace las veces de cocina en un salón en la Isla de Ré, son espacios muy interesantes; la decoración del segundo incluye utensilios de cocina y objetos que reflejan el gusto del propietario por la náutica.

MÁS INFORMACIÓN						
SUELOS DE MADERA	89	96	112	113	114	125
CASAS DE MADERA	72	112	236	238	240	
COCINAS-COMEDOR	198	292	311			
MESAS REDONDAS	136	145	300	304	415	
ARTÍCULOS DE COCINA	222	432	434	440	444	

DISEÑADO PARA VIVIR

INFLUENCIAS COLONIALES

La calidad de la luz que inunda la estancia a través de las ventanas de estos interiores –un loft de Nueva York (*superior izquierda*) y el dormitorio de un palacio de Goa (*inferior izquierda*)– dan a ambos el aspecto de estar por encima de los problemas terrenales de vivir a ras de suelo. El apartamento de Nueva York está en el distrito del Soho, en el que numerosos almacenes y fábricas de la industria ligera quedaron libres y disponibles para convertirlos en viviendas durante los años setenta a medida que las empresas fueron desplazándose a la periferia y se inició así la moda de vivir en lofts. De origen bien distinto es este gran palacio de Goa (*inferior izquierda*), cuyo diseño estaba destinado a reflejar el fastuoso estilo de vida de las grandes familias de la antigua colonia portuguesa. De la misma opulencia se imbuye todo el mobiliario del palacio, como esta cama con dosel y encajes, un extraño cruce entre los estilos ibérico y colonial.

MÁS INFORMACIÓN					
CASAS DE GOA	16	46	65		
VIGAS DE MADERA	101	124	149	243	263
LOFTS	99	310	311	314	316
CAMAS COLONIALES	146	165	239		
RECONVERSIONES	88	108	268	308	313	316

Este salón situado en la primera planta de una casa de Versalles (derecha) también está decorado en gran parte por una mezcla de estilos y materiales europeos e indios. En torno a la mesa laqueada en negro, en la que se expone una colección de bronces de los años treinta de Christofle, se agrupan butacas angloindias de ébano tallado, un arcón de igual procedencia en caoba y marfil, y un armario del siglo XVII de ébano. El conjunto está iluminado por la especial calidad de la luz que fluye por las ventanas de este primer piso.

MÁS INFORMACIÓN
CASA DE VERSALLES   306   337   344
SUELOS DE PARQUET   294   304
SILLAS DE MIMBRE   148   159   165   300

DISEÑADO PARA VIVIR | *INFLUENCIAS COLONIALES*

El gusto hispano-portugués por la decoración tallada profusamente vuelve a aparecer en casas de muchos lugares del mundo: un salón de La Habana (*superior izquierda*); habitaciones del palacio de Bragança, en Goa (*superior derecha* y *página opuesta*). El diseño de las mesas y sillas de este palacio, fabricadas con palo de rosa tallado por artesanos locales, es de estilo portugués dieciochesco.

DISEÑADO PARA VIVIR | *INFLUENCIAS COLONIALES*

A pesar de que en las habitaciones de esta casa de Sri Lanka (*izquierda*) se han hecho realidad impulsos decorativos muy claros en la forma de los marcos de las puertas y el mobiliario, el conjunto es de una elegante sencillez. También decorativo, pero con la acumulación de objetos y recuerdos generada por las distintas generaciones de la misma familia que han ocupado esta casa desde el siglo XVIII, las galerías del palacio de Bragança son un tesoro del diseño indio-europeo (*página opuesta*).

MÁS INFORMACIÓN					
CASAS DE SRI LANKA	46	149	385		
PALACIO DE BRAGANÇA	47	144	376		
CAMAS DE CUATRO PATAS	122	142	151	158	165
ARREGLOS DE PARED	11	186	218	221	361
GRUPOS DE CUADROS	11	200	226	251	265
	298	307	337	349	361

Las galerías de generosas proporciones del Hotel Closenberg, un edificio de estilo colonial antiguo en Galle, Sri Lanka (*estas páginas*), se inundan de luz a través de las enormes ventanas arqueadas. En todas las habitaciones se han colocado magníficas piezas de mobiliario realizadas por los artesanos locales, que van desde la sobriedad de las sillas tradicionales de las haciendas a interpretaciones muy ornamentadas de los estilos europeo e indígena.

MÁS INFORMACIÓN					
PUERTAS FRANCESAS	47	78	82	83	177
MUEBLES DE MADERA	128	134	158	382	438
VENTANAS ARQUEADAS	74	78	325	336	
TECHOS A LA VISTA	120	125	137	174	
SILLAS DE MIMBRE	143	159	165	300	
MESAS REDONDAS	151	164	189	251	
VENTILADORES DE TECHO	124	168	171	199	

DISEÑADO PARA VIVIR | *INFLUENCIAS COLONIALES*

La arquitectura nacional del Lejano Oriente tiene mucho que enseñar a la occidental en el uso y articulación de los volúmenes espaciales. Los techos bajos limitan la cantidad de luz que entra en los amplios salones de esta casa de Manila (*superior izquierda*) y de esta residencia balinesa (*inferior izquierda*). El mobiliario bajo, a menudo fabricado con maderas nobles de la región, está distribuido por toda la superficie de la habitación de manera que ningún área sea el punto principal de atención.

MÁS INFORMACIÓN						
CASAS ORIENTALES	40	53	156	158	159	
CASA MANILA	156	158	382			
MUEBLES DE BALI	158	159	169	382		
TALLADO	156	160	164	166	169	
TEJADOS DE PAJA	35	48	152	171	400	456
CESTAS	291	424	426	430	432	
	434	443				

En las habitaciones privadas de esta casa de Bali (*superior* e *inferior derecha*), es evidente la misma necesidad de filtrar la luz mediante los postigos. La disposición de los muebles, sin embargo, es más intensa, más europea, que en las zonas públicas, y los elementos decorativos y adornos muy personales le añaden una impresión de intimidad.

MÁS INFORMACIÓN					
CAMAS DE CUATRO PATAS	122	142	146	158	165
SUELOS DE BALDOSAS	136	144	188	228	
POSTIGOS DE MADERA	78	165	192	199	210
MESAS REDONDAS	149	164	189	251	
CASAS DE BALI	16	35	159	382	400

DISEÑADO PARA VIVIR | *INFLUENCIAS COLONIALES*

Sencillos a la vez que ingeniosos, ingenuos a la par que sofisticados, estos espacios interiores y exteriores de Kenia (*estas páginas*) emplean los materiales locales disponibles para crear espacios en los que se cubren todas las necesidades básicas diarias, a pesar de que conservan indicios claros de su origen en la tierra que les rodea.

Un espacio abierto para reunir personas y charlar es fundamental para el éxito de lugares públicos como hoteles, clubes y bares. Estas habitaciones (*superior* y *página opuesta*) de hoteles de Jaipur y Udaipur, respectivamente, que fueron palacios en otro tiempo, poseen la combinación exacta de asientos bajos y luz filtrada que invita al contacto social tranquilo y agradable, al tiempo que asimila adecuadamente elementos más exuberantes en su decoración.

Al dorso
La elegancia y el refinamiento son las características principales de este amplio y tranquilo espacio de una casa de Manila, que proporciona un santuario maravilloso rodeado por una vegetación exuberante. Enormes divanes bajos dominan la superficie de la habitación, añadiéndole una sensación de paz y esparcimiento.

DISEÑADO PARA VIVIR | *INFLUENCIAS COLONIALES*

A pesar de que estos interiores de estilo oriental son básicamente ambientes sencillos, poseen distinguidas notas de una decoración muy ornamental. Desde el punto de vista de un decorador de interiores, resulta instructivo contemplar cómo algunas de estas elaboradas piezas podrían trasladarse, por ejemplo, a uno de los interiores minimalistas completamente blancos que se ilustraban al principio de este capítulo. Aquí, sin embargo, se integran completamente con el resto de la decoración: una casa de Manila (*esquina superior izquierda* e *izquierda*); una casa-museo de Bangkok (*esquina inferior izquierda* e *izquierda*).

MÁS INFORMACIÓN				
CASAS ORIENTALES	40	53	150	156
CAMAS CON DOSEL	146	151	165	193	214
MUEBLES DE MADERA	128	134	148	382	438
VITRINAS DE EXPOSICIÓN	290	321	358	360
COLONIAL ESPAÑOL	150	165	166	170	172
BUTACAS DE MADERA	78	128	134	310	456

Los objetos de estos interiores son más personales, en cierto sentido más comunes: un banco de jardín, sillas de hacienda oriental, un arcón tallado, estatuillas. A pesar de que estas habitaciones se encuentran en partes muy distintas de Asia, todas tienen algo en común, una tensión constante entre la sencillez más extrema de la construcción y las formas tremendamente complejas de la decoración: las casas de Bangkok y Manila (*superior derecha* y *esquina superior derecha*) y, por último, una casa de Bali (*inferior derecha* y *esquina inferior derecha*).

MÁS INFORMACIÓN

CASA MANILA	150	156	382	
MUEBLES DE BALI	150	169	382	
PERSIANAS	375	380	382	400
SILLAS DE MIMBRE	143	148	165	300
MECEDORAS	240	255	338	
ARCONES DECORADOS	251	262	377	441

DISEÑADO PARA VIVIR | *INFLUENCIAS COLONIALES*

No es extraño que la influencia del barroco español esté muy presente en las grandes casas de Manila. Sin embargo, en esta casa del siglo XIX, la Casa Manila, que se conserva como un museo (*izquierda* y *página opuesta*), el efecto general no es recargado, principalmente porque los muebles tallados y muy decorados disponen de un espacio lo suficientemente amplio.

Al dorso
En las paredes del comedor de la Casa Manila podemos encontrar el tipo de retrato familiar que asociaríamos con los interiores de las casas de la aristocracia o los mercaderes europeos.

MÁS INFORMACIÓN				
MUEBLES TALLADOS	47	167	169	277
TECHOS PINTADOS	164	191	203	215 342 354
CASA MANILA	164	165	172	355 356
COMEDORES DE ÉPOCA	170	172	174	217 345
SUELOS DE MADERA	114	140	165	172

DISEÑADO PARA VIVIR | *INFLUENCIAS COLONIALES*

Una de las casas señoriales de Manila, la Casa Manila, es actualmente un museo dedicado a evocar la vida en la época colonial española. Todas las habitaciones han sido restauradas según el estilo de aquellos tiempos: tanto los muebles, arañas y lámparas, como las pinturas y la cerámica, incluso los pequeños detalles decorativos. Los techos están pintados (*superior izquierda*) y en muchas ocasiones han sido decorados también con otros adornos como frisos de madera tallada de formas muy elaboradas (*inferior izquierda*).

MÁS INFORMACIÓN						
TECHOS PINTADOS	160	191	203	215	342	354
CASA MANILA	160	172	355	356		
TALLADO	150	156	160	166	169	
CASAS MUSEO	201	218	222	225	230	
MESAS REDONDAS	149	151	189	251		

Uno de los elementos unificadores de la decoración de Casa Manila es la presencia en todas las habitaciones de suelos de maderas nobles pulidos, que realzan perfectamente el ornamentado mobiliario. Todas las habitaciones han sido completamente restauradas (*superior derecha* y *esquina superior derecha*), pero las verdaderas maravillas de este lugar se pueden ver en las salas públicas, en las que el mobiliario de estilo colonial español, inspirado en modelos franceses, se expone bajo techos ornamentados de estilo filipino tradicional (*inferior derecha* y *esquina inferior derecha*).

MÁS INFORMACIÓN					
CAMAS CON DOSEL	146	151	158	193	214
POSTIGOS DE MADERA	78	151	192	199	210
SILLAS DE MIMBRE	143	148	159	300	
TECHOS CON MOLDURAS	170	181	354		
ARAÑAS	92	145	170	174	181

DISEÑADO PARA VIVIR | *INFLUENCIAS COLONIALES*

La combinación de una sencillez general salpicada por detalles complejos y ornamentados en forma de biombos, arcos y frisos, que caracteriza el diseño oriental, es especialmente efectiva en el diseño de habitaciones destinadas a ser punto de encuentro y de conversación públicos. En una residencia privada, la sala de estar cumple esta función; en lugares públicos, como hoteles o bares, las zonas de reunión deben permitir mantener una conversación reservada, como en este elegantísimo salón (*superior*) del Temple Club de Shangai.

Los muebles tallados profusamente con formas exóticas siempre resultan más agradables a la vista en contextos muy sencillos. Estos magníficos ejemplos de aspecto orgánico se encuentran, respectivamente, en Shangai (*superior izquierda*) y La Habana (*superior derecha*).

DISEÑADO PARA VIVIR | *INFLUENCIAS COLONIALES*

Una profunda sensación de calma después de la tormenta parece dominar esta elegante y serena sala de estar de una casa señorial de propietarios franceses en un suburbio de Saigón (*superior*).

La ordenada disposición de los muebles esenciales, incluso la pose de las figuras de los tapices, todo denota un mundo en el que la tranquilidad y la serenidad escasean hoy en día.

A pesar de que el turismo ha invadido Bali, el visitante aún puede atestiguar la destreza de los artesanos de la isla en el tallado de la madera. No es extraño, pues, que los grandes propietarios de la isla eligieran este aspecto del arte local para decorar los interiores de sus mansiones; obsérvese el intrincado tallado de las puertas y sillas de este salón (*superior*). Los cuadros están colgados en ángulo con la pared para evitar el reflejo de la fuerte luz del día.

DISEÑADO PARA VIVIR | *INFLUENCIAS COLONIALES*

La influencia del barroco español puede encontrarse en las capitales de América Latina. Este comedor del club Círculo Militar de Buenos Aires (*izquierda*) podría ser una copia exacta de otra habitación de un palacio de España.

MÁS INFORMACIÓN					
COMEDORES DE ÉPOCA	160	172	174	217	345
ESTILO COLONIAL ESPAÑOL	150	158	165	166	172
TECHOS CON MOLDURAS	165	181	354		
ARAÑAS	92	145	174	181	

Modesto, aunque explote todas las oportunidades decorativas del color y de la utilización de unos pocos objetos locales, este pequeño comedor de Zihuatanejo, México, consigue parecer acogedor (*derecha*). El jarrón con flores del centro de la mesa domina todo el conjunto haciéndolo más efectivo, una nota espectacular frente al verde del aparador.

MÁS INFORMACIÓN

TEJADOS DE PAJA	35	48	150	152	400	456
CASAS DE MÉXICO	30	78	246	277	355	
ESTANTES DE COCINA	109	138	218	222	238	
	275	363				
COMEDORES	88	94	110	116	130	
	136	226	285			

El éxito de la disposición de la planta noble de esta casa convertida en museo en Manila, la Casa Manila, depende casi completamente de las magníficas dimensiones del mobiliario y los adornos que decoran las paredes. Una gran mesa domina la habitación desde el centro y resulta aún más imponente por el contraste con el pulido entarimado del suelo desnudo, justo debajo de una bella lámpara de araña. Entre las ventanas, dos grandes espejos de pared aumentan enormemente la sensación de espacio y multiplican la luz de esta estancia donde, en general, dominan los tonos sombríos.

DISEÑADO PARA VIVIR

DE ESTILO ELEGANTE Y MAJESTUOSO

Los lugares donde se preparan y consumen los alimentos, en especial, si es de forma comunal, tienen una importancia especial en el bienestar de cualquier casa o apartamento. Pocas imágenes domésticas resultan más agradables que la de una mesa bien puesta, sin importar la abundancia o complejidad de la comida para la que esté preparada. En este comedor de Buenos Aires (*izquierda*), el delicado mantel es el fondo perfecto para la cubertería de plata y la vajilla familiar.

MÁS INFORMACIÓN					
TECHOS A LA VISTA	120	125	137	148	
COMEDORES DE ÉPOCA	160	170	172	217	345
ARAÑAS	92	145	165	170	181
POSTIGOS	84	114	124	195	211

La hora del té en este apartamento de París (*derecha*) tiene lugar en una habitación donde se observa un uso similar del mobiliario, la misma sensación de preparación cuidadosa y elegante. Es este sentido de la elegancia personal en la forma en que vivimos y nos comportamos en nuestro hogar el que trataremos en las páginas siguientes.

MÁS INFORMACIÓN
SILLAS DE COMEDOR 346 378 408 414
MESAS DE MADERA 94 120 137 222 237

DISEÑADO PARA VIVIR | *DE ESTILO ELEGANTE Y MAJESTUOSO*

Esta mesa siciliana (*superior*) está invadida por el sentido de la familia que todavía perdura con fuerza en la Europa mediterránea. El ritual de comer juntos es uno de los grandes lazos de unión de las familias; aquí, es evidente que la atención al detalle es importante.

En esta casa de Mauricio (*superior*), los detalles de la preparación de la cena parecen ocupar la mente de esta persona, que está comprobando que los vasos estén bien pulidos. A través de las ventanas francesas abiertas, los comensales podrán disfrutar de la proximidad del largo porche.

DISEÑADO PARA VIVIR | *DE ESTILO ELEGANTE Y MAJESTUOSO*

El impulso de decorar y embellecer el lugar donde vivimos no siempre exige comprar muebles o adornos adicionales. Este apartamento a las orillas del Nilo en El Cairo (*superior*) cuenta con interesantes piezas y detalles arquitectónicos, incluido el atractivo fresco que domina toda la sala de estar.

Gran parte del encanto de este apartamento procede de la utilización de muebles y fotografías personales en un espacio cuidadosamente ordenado y dedicado a uno de los más famosos cantantes egipcios, Farid el-Atrach (*superior izquierda* y *derecha*). Otro apartamento en El Cairo adquiere su encanto por el mobiliario y decoración típicos árabes (*inferior izquierda* y *derecha*). Los asientos están compuestos por sillas bajas talladas, mientras que biombos y celosías en la ventana ocultan más de lo que dejan ver. Un friso con caracteres árabes completa la parte superior de la decoración de la pared.

DISEÑADO PARA VIVIR | *DE ESTILO ELEGANTE Y MAJESTUOSO*

La creciente importancia económica y social de la clase media en los últimos años del siglo XIX trajo consigo un gusto por la opulencia y la ostentación en la decoración, como muestran estos magníficos ejemplos del Castello Falconara de Sicilia. Bombillas individuales y candelabros (*superior izquierda*) se decoran tan profusamente que es fácil olvidar su función original de iluminar. Sofás y butacas con respaldos abotonados (*superior derecha*) son la expresión, sin reparos, de una sociedad orgullosa y a gusto consigo misma.

El papel de la pared es de un llamativo estampado; las cortinas, y demás objetos que cuelgan de las paredes, son voluminosas y pesadas; los muebles proporcionan calma a expensas de la utilización de las líneas. Incluso los muebles de madera son versiones talladas muy elaboradas de una mezcla de estilos anteriores (*superior*).

DISEÑADO PARA VIVIR | *DE ESTILO ELEGANTE Y MAJESTUOSO*

En cierto sentido, el interior *burgués* era sólo una interpretación más popular de una visión de la vida elegante que había pervivido en la aristocracia y familias de mercaderes acomodadas de Europa. En ningún otro lugar se expresó de una forma tan elaborada esta visión como en los edificios y en la decoración de las grandes casas italianas de Venecia, Roma y Florencia. En Venecia, construcción de los *palazzi* a lo largo del Gran Canal o con vistas a solitarias plazas, se encargaba a los artesanos más hábiles; en este caso, un trabajo de estuco de mediados del siglo XVIII (*estas páginas*).

Al dorso
Los retratos de familia contemplan una escena de lujo desgastado en la habitación del billar del palacio de verano de la familia Chigi en Ariccia, Roma.

MÁS INFORMACIÓN
ESTUCO 187 325
CHIMENEAS 234 255 265 338 340
HABITACIONES ROCOCÓ 186 325
PALAZZI ITALIANOS 44 184 186 322
PALAZZO BISCARI 325

DISEÑADO PARA VIVIR | *DE ESTILO ELEGANTE Y MAJESTUOSO*

En 1787, el Palazzo Biscari de Catania en Sicilia, recibió la visita de Johann Wolfgang von Goethe; a pesar de que quedó fascinado por las antigüedades que se conservaban en el palacio, es probable que el clasicismo del mejor escritor alemán de todos los tiempos no le permitiera disfrutar del edificio en sí. El palacio (*superior izquierda*) es, en efecto, una joya del rococó, desde el diseño de las salas destinadas al uso público hasta los detalles de los muebles. Otro curioso ejemplo de ornamentación profusa de inspiración italiana es la Farmacia Santa Maria Novella en Florencia (*inferior izquierda*).

MÁS INFORMACIÓN					
CASAS DE SICILIA	176	180	193	198	378
HABITACIONES ROCOCÓ	182	325			
ARREGLOS DE PARED	11	147	218	221	361

La pieza maestra del palacio de Biscari es el magnífico Salone da Ballo (*esta página*), cuya construcción terminó en 1772, que incluye techos abovedados adornados con frescos en torno a una cúpula, con chimeneas en nichos situados en las esquinas, consolas y espejos. Uno de sus mayores tesoros es la exquisita escalera que conduce a la galería de la orquesta (*esquina superior derecha*), adornada con más frescos y estucos que muestran la influencia del diseño *rocaille*, una corriente del rococó francés.

MÁS INFORMACIÓN
ESCALERAS DECORADAS 323 325
CONSOLAS 144 212 229 282 360
ESTUCO 182 325

DISEÑADO PARA VIVIR | *DE ESTILO ELEGANTE Y MAJESTUOSO*

Villa Medici de Roma, construida para impresionar y asombrar, llena de esculturas antiguas, pájaros exóticos, esclavos y moros, fue inspiración del cardenal Giovanni Ricci de Montepulciano. A su muerte en 1574 pasó a manos del cardenal Ferdinando de Medici, quinto hijo del gran duque Cosimo I de Toscana. Después, la conservación y mejora de la villa y sus jardines pasó a ser responsabilidad de Bartolomeo Ammanati, arquitecto oficial de los Medici. Pero aún resulta más interesante que tras los grandiosos efectos de las habitaciones principales y los jardines puedan encontrarse tranquilos rincones de elegancia e interés: pequeñas e instructivas viñetas (*izquierda* y *página opuesta*).

MÁS INFORMACIÓN			
CASAS DE LA TOSCANA	29	217	340
SUELOS DE BALDOSAS	136	144	151	228
MESAS REDONDAS	149	151	164	251
VILLA MEDICI	190		
ARMARIOS PINTADOS	219	236	356	358
ESTATUARIA	206	394	

DISEÑADO PARA VIVIR | *DE ESTILO ELEGANTE Y MAJESTUOSO*

Estas dos estancias de la Villa Medici parecen estar preparándose para recibir a una familia (*superior izquierda* y *derecha*) de un momento a otro. Es en tales casos, antes que en habitaciones públicas más grandes, de donde puede surgir la mayor inspiración para esquemas decorativos más modernos.

Estas dos estancias sencillas, aunque con un toque subyacente de opulencia, se encuentran una en Umbria (*superior izquierda*) y otra en una casa de la isla de Madeira (*superior derecha*). Obsérvese ante todo cómo espacios relativamente planos pueden adquirir de repente un aspecto distintivo de lujo mediante la utilización de esquemas pintados con ricos colores.

DISEÑADO PARA VIVIR | *DE ESTILO ELEGANTE Y MAJESTUOSO*

En el dormitorio se puede satisfacer el gusto por la vida elegante si se presta gran atención al detalle: disposición de los muebles y objetos, quizá muy personales, que resulten agradables y distintivos, y resalten la importancia de un lugar en el que pasamos más tiempo del que nos damos cuenta.

MÁS INFORMACIÓN					
DORMITORIOS	98	214	239	243	263
POSTIGOS DE MADERA	78	151	165	199	210
DIVANES	90	94	149	155	
DORMITORIOS SIGLO XIX	250	263			

Una característica notable de todos estos dormitorios de casas y apartamentos sicilianos (aparte del Palazzo Chigi, Ariccia, *superior derecha*) es la forma de las camas, el elemento decorativo dominante en este tipo de habitación.

MÁS INFORMACIÓN
CAMAS CON DOSEL	146	151	158	165	214
CASAS DE SICILIA	176	180	186	198	378
MUEBLES DE DORMITORIO	115	119	262	282	
ARCONES DE CAJONES	162	263	271	358	361

DISEÑADO PARA VIVIR | *DE ESTILO ELEGANTE Y MAJESTUOSO*

La decoración y la elección de cualidades interesantes en cualquier habitación, en particular en un cuarto de baño, no tiene por qué ser complicada ni estructural.

La sencilla ducha instalada, junto con unos cuantos muebles elegantes, convierten este cuarto de baño de una casa de Mauricio (*superior*) en un lugar donde disfrutar tranquilamente.

Los accesorios de este cuarto de baño (*superior*) tienen un carácter tan fuerte que no es necesario nada más para completar su decoración. Esta villa, que fue en tiempos la residencia de la familia Odescalchi y después una de las residencias de John-Paul Getty, La Posta Vecchia, en el Mar Tirreno, Ladispoli, es ahora un hotel de lujo, pero conserva en gran medida la decoración de su accidentado pasado, incluido este baño de construcción relativamente reciente.

DISEÑADO PARA VIVIR | *DE ESTILO ELEGANTE Y MAJESTUOSO*

Puede que las dimensiones de estos cuartos de baño no sean demasiado grandes pero resultan muy agradables por el uso de las cualidades decorativas de materiales sencillos. El baño chileno (*superior izquierda*) está totalmente cubierto con losas colocadas de forma arbitraria. En una casa de Marrakesh, un moderno baño morisco (*superior derecha*) adquiere mayor vitalidad por la utilización de ladrillos de color rosado para destacar la ducha y las ventanas, y también en el panel del centro del suelo. Una antigua lámpara y jarrones de terracota se añaden a la decoración.

Para estos dos cuartos de baño –uno en Italia (*superior izquierda*) y otro en Estados Unidos (*superior derecha*)– se han elegido accesorios muy sencillos de estilo retro. En ambos casos, el color, diseño y forma de las baldosas del suelo añaden un elemento decorativo.

DISEÑADO PARA VIVIR | *DE ESTILO ELEGANTE Y MAJESTUOSO*

Estas dos cocinas sicilianas (*superior derecha* e *izquierda*) tienen el aire de bienvenida que cualquier cocina debería tener; vajillas, adornos y botellas proporcionan una gran variedad de formas interesantes. La mesa de la cocina es una superficie de gran importancia, tanto para la preparación de la comida como para sentarse a comer, una función para la que la tradicional mesa de refectorio es idónea.

En una época en la que la «cocina ideal» significaba de forma inevitable algo prediseñado y donde todo se elegía a juego, las zonas para comer y cocinar tienen algo refrescante que parece surgir poco a poco, utilizando elementos individuales de distinta antigüedad y estilo, como en esta casa de Florida (*superior izquierda*). La presencia de la madera es siempre agradable a la vista y en esta granja de la Toscana (*superior derecha*), combinada con las tradicionales tobas, parece doblemente idónea.

Las propiedades decorativas de las colecciones de libros, objetos o cuadros son, sin lugar a dudas, muy poderosas, en particular si se muestran juntas. Las filas de retratos de familia cubren las paredes de esta habitación (*página opuesta* e *inferior derecha*) una –especie de gabinete de curiosidades– del palacio de verano de la familia Chigi en Roma, un original medieval transformado en una joya del barroco del siglo XVII (utilizada por Luchino Visconti como escenario de *El gatopardo* en 1963). A pesar de contener muchos menos objetos, la biblioteca de esta casa solariega sueca (*superior derecha*), conservada en un museo popular, consigue un poderoso efecto decorativo por el trasfondo de conocimientos y cultura acumulados en ella.

MÁS INFORMACIÓN

PALACIO CHIGI	45	192	203	293	347
ESTANTERÍAS	99	202	204	246	248
	249	252	310	316	
CASAS DE SUECIA	208	210	214	216	218
ESCALERAS DE BIBLIOTECA	204	206	252	269	316
GRUPOS DE IMÁGENES	11	147	226	251	265
	298	307	337	349	361

DISEÑADO PARA VIVIR | *DE ESTILO ELEGANTE Y MAJESTUOSO*

Los libros pueden amueblar una habitación pero muy pocos pueden hacerlo de una manera tan espléndida como los que hay en la biblioteca del palacio de verano de la familia Chigi; una sensación de calma y sabiduría inundaun espacio que ya está repleto de comodidades materiales. Las habitaciones de este palacio están decoradas con muebles de todos los estilos y épocas, añadidos del tiempo y las costumbres de la familia que las ha habitado durante varios siglos. La decoración variada con paredes forradas de cuero Cordobán, frescos naturalistas, pájaros pintados y móviles colgados del techo, y pinturas «trampantojo» hacen que parezcan congeladas en el tiempo. En ningún momento el lujo deja de serlo para convertirse en vulgaridad; todo el edificio posee el tipo de opulencia alegre y de buen gusto. Estas mismas cualidades son muy abundantes en otro ejemplo de decoración italiana de interiores de grandes casas, una de ellas en Umbria (*superior derecha*).

MÁS INFORMACIÓN

ESTANTERÍAS	99	201	204	246	248
	249	252	310	316	
TECHOS PINTADOS	160	164	191	215	342 354
BIBLIOTECAS	204	206	246	248	252
TRAMPANTOJO	209	210	342	345	355
ESCRITORIOS	206	208	246	457	458
ESTUDIOS	130	181	246	444	456
BALAUSTRADAS	68	148	166	195	330
PÁJAROS	105	270	295	321	333 363

DISEÑADO PARA VIVIR | *DE ESTILO ELEGANTE Y MAJESTUOSO*

En el corazón de la casa de cualquier pensador que se precie debe existir una biblioteca bien pertrechada, un lugar de descanso de las aventuras intelectuales de los propietarios. En estas habitaciones, la colocación de los libros en estanterías condiciona el orden decorativo, algunas veces inmaculado, como en esta sala de lectura en Salzburgo (*superior izquierda*), otras veces más dinámico, como en este ajetreado estudio de un apartamento de París (*inferior izquierda*). Esta última habitación está también llena de objetos y muebles que reflejan los gustos eclécticos de los propietarios. Las propias estanterías son simples tablones.

MÁS INFORMACIÓN					
ESCALERAS DE BIBLIOTECA	201	206	252	269	316
ESTUDIOS	256	258	271	303	331
CASAS DE AUSTRIA	54	348			

Este estudio-biblioteca de una distinguida casa provenzal antigua (*superior derecha*) aún conserva las estanterías originales del siglo XVIII. Sin embargo, los contenidos de la habitación son completamente eclécticos y de distintas épocas; la colocación de los libros parece casi intencionadamente casual. Entre los muebles se incluye una butaca de mimbre de los años cuarenta y, en primer plano, una *chaise longue* corta del tipo conocido como «duquesa».

En este apartamento de París (*inferior derecha*), la biblioteca se integra en el salón mediante estantes cuidadosamente ordenados y cerrados; es más una biblioteca de un buen lector y sala de música que un estudio.

MÁS INFORMACIÓN

ESTANTERÍAS	99	201	202	246	248
	249	252	310	316	
BIBLIOTECAS	202	206	246	248	252

205

Este dormitorio-biblioteca se creó simplemente alineando dos estanterías una frente a la otra en cada pared de la habitación. Su atmósfera agradable y dinámica surge del hecho de que sea tanto un espacio de trabajo como una sala de estar adicional, llena de inesperados objetos. Las dos cariátides de yeso, por ejemplo, son herencia de un tío abuelo arquitecto de los propietarios de la casa; fueron los modelos originales para la decoración de una fachada Art Nouveau. Las rugosas baldosas del suelo refuerzan la atmósfera hogareña del conjunto.

DISEÑADO PARA VIVIR | *DE ESTILO ELEGANTE Y MAJESTUOSO*

Los extraordinarios interiores ilustrados aquí son el resultado del encuentro de los estilos europeos meridional y septentrional en varios niveles. Su fuente de inspiración son los palacios barrocos italianos del siglo XVII y, más tarde, es objeto de la atención de decoradores del siglo XVIII que se inspiraban en los motivos del trampantojo. Los propietarios de Louhisaari, cerca de Turku, Finlandia, reunieron una mezcla muy especial de decoración de interiores en esta villa palladiana, construida originalmente en el estilo

conocido como «renacimiento báltico». El mobiliario es una mezcla desconcertante: barroco, rococó, imperio, Biedermeier y, principalmente, el resultado del trabajo de artesanos locales finlandeses que utilizan libros de patrones como guía. A pesar de ello, todo parece tener su lugar entre los bellos frescos de las paredes. La casa es también notable por haber sido el hogar de la infancia de Carl Gustav Mannerheim, líder del pueblo finlandés durante la lucha por su independencia de Rusia, y presidente en 1944.

DISEÑADO PARA VIVIR | *DE ESTILO ELEGANTE Y MAJESTUOSO*

A pesar de que tanto la decoración como el mobiliario de Louhisaari son eclécticos en su máxima expresión, subyace una sensación de buen gusto escandinavo y báltico; se evita la utilización de elementos más exuberantes como en las culturas más meridionales. Esto puede ser debido, en parte, a la utilización de colores pasteles más suaves: grises, amarillos o azules pálidos. En este contexto, no parece descabellado utilizar un panel trampantojo de estilo francés de mediados del siglo XVIII junto a un gran reloj de pie clásico de diseño sueco.

MÁS INFORMACIÓN					
POSTIGOS DE MADERA	78	151	165	192	199
CASAS DE SUECIA	201	208	214	216	218
TRAMPANTOJOS	203	209	342	345	355
COLORES PASTEL	211	216			
RELOJES DE PIE	133	224	231	237	

A finales del siglo XVII, la influencia del mobiliario y el diseño de interiores del norte de Europa empezaron a notarse en los países bálticos y en Escandinavia, alcanzando su momento más álgido en el siglo XVIII. El comercio de la madera con los estados alemanes, los Países Bajos y, en especial, con Inglaterra, dio lugar a un flujo de regreso de productos elaborados con madera, por lo que los diseñadores locales se acostumbraron al gusto mobiliario de esos países. La mayoría de las piezas que pueden verse aquí, incluido un bello reloj de pie, fueron copiados probablemente de modelos ingleses, pero una vez más, en este caso se puede observar su ligereza al captar el delicado azul pálido los suaves rayos de la luz septentrional.

MÁS INFORMACIÓN
POSTIGOS DE MADERA   84   114   124   174   195
RENACIMIENTO BÁLTICO   208   209   346

DISEÑADO PARA VIVIR | *DE ESTILO ELEGANTE Y MAJESTUOSO*

Normalmente, al decorar un espacio interior y disponer los objetos en un orden, es en los lugares de paso –pasillos, rellanos, entresuelos– donde se encuentran las mayores dificultades. Una solución es convertirlos en pequeñas galerías donde poder exponer colecciones de objetos. En el Castello Falconara de Sicilia, una larga galería (*superior izquierda* y *derecha*) se ha convertido en un lugar de interés y entretenimiento por los elegantes muebles y los arreglos de las paredes. En el techo, una fila de lámparas muy decorativas presta otro práctico foco de interés al espacio.

Prácticamente desnudo de cualquier otra forma de decoración, aparte de los tragaluces y del suelo embaldosado, esta entrada de una casa de Borgoña (*superior*) es el escenario ideal para exponer una colección impactante de cabezas de ciervos y cornamentas. El impacto de los cuernos puntiagudos es tan espectacular que la introducción de cualquier otro elemento decorativo en las paredes o de muebles parecería superflua.

DISEÑADO PARA VIVIR | *DE ESTILO ELEGANTE Y MAJESTUOSO*

Este dormitorio sueco del período gustavino (*superior*), recreado en el museo popular de Skansen, Estocolmo, pudo haber sido utilizado también como una sala de estar, ya que la cama está alineada junto a la pared y se ha decorado con cortinas que cuelgan desde el dosel y caen a los lados. La silla parece una copia de un modelo inglés tradicional con un cojín mullido de lino a cuadros. La silla de un niño, un escritorio y una cuna completan el mobiliario. En el siglo XVIII las paredes estarían probablemente cubiertas por un lienzo pintado simulando un panel.

Si se puede extraer alguna lección útil para el diseñador de interiores de estos dormitorios del siglo XVIII, es la de cómo crear una sensación de comodidad con pocos medios. Las cortinas que cuelgan desde el dosel convierten la cama en un espacio cálido e incitante, en especial, por el contraste con el suelo de madera desnudo. El ejemplo sueco (*superior izquierda*) probablemente sería considerado bastante extravagante en una cultura tradicionalmente dominada por la compostura en todo lo que se refería al estilo. Esta actitud está presente sin duda en este dormitorio (*superior derecha*), conservado en el pueblo-museo de Sturbridge, Massachusetts, una comunidad rural reconstituida, que refleja la vida de Nueva Inglaterra entre 1790 y 1840.

Un reticente y frío clasicismo septentrional marca el tono de este comedor sueco (*superior*), ahora conservado en un museo; las paredes paneladas, aligeradas con grandes retratos ovalados, son de un característico color gris con detalles dorados. La mesa, dispuesta para una cena de Navidad, como se deduce por las hojas esparcidas por el suelo, está rodeada de sillas que parecen interpretaciones sencillas del estilo inglés de mediados del siglo XVIII. Un busto clásico junto a la ventana y una magnífica lámpara de araña se añaden a la sobria decoración.

Con un mismo enfoque en torno a una imponente mesa, pero en profundo contraste con el aspecto privado del comedor nórdico (*página opuesta*), se encuentra esta habitación de la Toscana (*superior*), que puede ser descrita sin reparo como barroca meridional. Las curvas y complejidad de los adornos de recargadas cornisas y de las molduras de las paredes se repiten en los pesados marcos de los espejos y las pinturas; las sillas de la mesa del banquete, sin embargo, revelan una influencia inglesa por sus sencillas líneas. Los enormes jarrones orientales son elementos decorativos efectivos que pueden retirarse fácilmente. El inmenso espejo sobre la chimenea nos deja ver parte del techo abovedado y pintado.

El efecto de franca honestidad, solidez de la construcción e idoneidad para su propósito es evidente en esta cocina tradicional sueca, conservada en la casa solariega de Tureholm. Sin embargo, se puede observar la necesidad imperiosa por decorar el espacio en la sutil utilización de un azul más intenso en paneles, techo y puerta, que se extiende hasta el armario. Las sillas sencillas crean un contraste con el elaborado aplique de la pared, mientras que la vajilla blanca y azul, colocada de manera informal, añade un toque agradable.

DISEÑADO PARA VIVIR | *DE ESTILO ELEGANTE Y MAJESTUOSO*

Pocas imágenes del ámbito doméstico impresionan más que los estantes de un aparador tradicional repletos de platos de color blanco y azul (*izquierda*), indicador de la buena situación económica de la familia. Más formal que los ejemplos de las páginas anteriores, este arreglo de pared de una habitación de la casa solariega de Tureholm, Suecia, también conserva la característica compostura hogareña que es tan común en el diseño escandinavo. La presencia de la mesa plegable y de las dos sillas decoradas muy levemente hace pensar que esta habitación se empleaba también como comedor.

El período georgiano tardío vivió su máximo esplendor en la arquitectura y el diseño irlandés. Esta pared muestra un servicio de cena sobre las líneas neoclásicas del aparador de finales del siglo XVIII con armarios de pedestal (*página opuesta*) que evoca claramente el sentido de refinamiento y orden de la época. Las patas afiladas del mobiliario sugieren que esta pieza pudo haberse inspirado en el diseño de los libros de patrones de George Hepplewhite y Thomas Sheraton.

MÁS INFORMACIÓN					
ESTILO GUSTAVINO	41	214	215	216	
ARREGLOS DE PARED	11	147	186	218	361
PORCELANAS	54	236	238	320	361
CASAS DE IRLANDA	284	330	336	341	456

DISEÑADO PARA VIVIR | *DE ESTILO ELEGANTE Y MAJESTUOSO*

Las baldosas a cuadros, especialmente si son blancas y negras, rellenan perfectamente el espacio en las habitaciones de uso utilitario. El patrón del suelo domina visualmente este cuarto con sillas de montar de una casa de campo escocesa (*superior izquierda*). Una versión más moderada ofrece un telón de fondo decorativo para las cazuelas brillantes de esta cocina de una mansión muy bien conservada de Gales (*inferior izquierda*).

MÁS INFORMACIÓN					
ESTANTES DE COCINA	109	138	171	218	238
	275	363			
CASAS-MUSEO	164	201	218	225	230
CASAS DE GALES	80	224	234	253	338
SUELOS A CUADROS	301	378	382	397	418
PAREDES CON AZULEJOS	227	411			
UTENSILIOS DE COCINA	140	432	434	440	444

La cuidada conservación de esta cocina tradicional de una gran casa de Escocia (*derecha*) enseña algo de cierta importancia a los propietarios y decoradores de ejemplos más contemporáneos: que las formas, materiales y utilidad de los utensilios del pasado a menudo los convierten en complementos asombrosos de la cocina, en contraste con los electrodomésticos modernos. El inconveniente de muchos de ellos, como las cacerolas de cobre, es que su limpieza requiere mucho tiempo. Pero otros, ilustrados aquí, tienen la calidez y la pátina del uso prolongado: un mortero y su mano, cuencos de barro, bandejas de madera, un juego de balanzas con pesos y un enorme reloj de pared.

MÁS INFORMACIÓN

CASAS DE ESCOCIA	224	228	255		
RELOJES DE PARED	224	308	316		
MESAS DE MADERA	94	120	137	175	237

DISEÑADO PARA VIVIR | *DE ESTILO ELEGANTE Y MAJESTUOSO*

FRANCIA

GALES

MASSACHUSETTS

MASSACHUSETTS

ESCOCIA

ESCOCIA

Todas las cocinas ilustradas aquí (*derecha* y *página opuesta*) son, en cierto sentido, piezas de museo ya que se encuentran en casas restauradas para ilustrar y conmemorar el estilo de vida de tiempos pasados. En otro sentido son casi contemporáneas, ya que poseen características que aún se aplican a las cocinas actuales. En todas se puede observar la importancia de una gran mesa para preparar y consumir los alimentos. Los diseños y colores creados por la colocación en estantes de las sartenes y cacerolas como en un aparador y por las grandes superficies embaldosadas, especialmente en los suelos, resultan muy atractivos.

MÁS INFORMACIÓN
CASAS DE GALES	80	222	234	253	338
CASAS DE ESCOCIA	222	228	255		
RELOJES DE PARED	223	308	316		
COCINAS DE ESTADOS UNIDOS	199	274	363		
COCINAS ECONÓMICAS	228	234	238	275	292	309
CARPINTERÍA PINTADA	232	279	290	304	351
MUEBLES RURALES	234	265	338		
COCINAS RURALES	198	266	292	362	419

MASSACHUSETTS

Una sensación de espaciosidad y ligereza prevalece en toda la casa vacacional de este diseñador de moda en Saint-Rémy-de-Provence (*superior* y *página opuesta*). El efecto de penumbra que pueden causar los techos bajos y las vigas se ha anulado pintando toda la habitación de blanco. Dos largas mesas de cocina, colocadas juntas, dan lugar a una superficie muy amplia donde poder invitar a comer a familiares y amigos, mientras que las sillas de metal se pueden utilizar para otros fines, como comer al aire libre, por ejemplo. Los dos candelabros de plata son un toque de elegancia.

En la misma casa, la cocina conserva el mismo esquema general blanco de otras habitaciones, pero con sutiles añadidos y variaciones. Los muebles están pintados de un gris claro mientras que una alegre nota de color se introduce mediante los azulejos de la pared detrás del área de trabajo principal. Las botellas, jarras y recipientes que pueden verse aquí son elementos prácticos y decorativos.

DISEÑADO PARA VIVIR | *DE ESTILO ELEGANTE Y MAJESTUOSO*

A la hora de amueblar una cocina, merece la pena pensar en la belleza de las cosas sencillas. A pesar de que esta cocina escocesa (*superior izquierda* y *derecha*) ha sido conservada como un ejemplo de la historia pasada, muchos de sus elementos aún tienen vigencia en nuestros días. Es impresionante, sobre todo, el armario antiguo, coronado por una enorme fuente de latón pulido. El horno, asimismo, supone una presencia de carácter fuerte y acogedor, y su forma no es tan diferente de los modelos de gas o de carbón de hoy en día.

Una especie de sencillez grandiosa marca el diseño tradicional tanto de Escocia como de Escandinavia. Estas dos habitaciones –entre cocina y comedor– se encuentran en un museo de Escocia (*superior izquierda*) y Suecia (*superior derecha*). La esquina de la habitación del museo popular de Skansen en Estocolmo evoca todo el clasicismo del período gustavino, expresado maravillosamente en esta consola con las características patas afiladas.

Como corresponde a un país de inviernos largos, fríos y muy oscuros, la tradicional sala de estar sueca estaba dominada por la estufa. Este ejemplo (*superior*), de una habitación conservada en el museo de Skansen, tiene un diseño especialmente simple; a menudo, la estufa estaba cubierta por cerámica vidriada decorada muy elaborada, lo que enfatizaba aún más su importancia como fuente de comodidad para la familia y expresión de prosperidad de la misma. La decoración de esta habitación se completa con muebles rústicos sencillos y dos sofisticados espejos de estilo neoclásico.

Además del calor de la estufa, las casas tradicionales suecas cobraban vida con los muebles pintados en brillantes colores, como este reloj de pie (*superior*) que, sin duda, era una de las más preciadas posesiones de una familia. En estas habitaciones de Skansen, puede verse una clásica estufa de cerámica vidriada y muy decorada cilíndrica a través de la puerta.

Al dorso
La decoración de las paredes de este interior tradicional sueco puede parecer una imitación del mármol pero la utilización de pintura al temple de secado rápido dejaría muy poco tiempo al pintor para conseguir los sutiles matices de este material. El resultado, posee una gran audacia y originalidad, que recuerda a la forma de una célula.

ESTILOS PARA EL CONFORT

Los interiores ilustrados en estas páginas están muy lejos del minimalismo purista con que empezaba este capítulo. Su principal objetivo ha sido la creación de un ambiente cálido, seguro y cómodo a pesar de que muchos emplean medios sencillos y poco sofisticados para conseguirlo. En estos tres interiores (esta página), que se encuentran en casas restauradas de mineros en Gales, se percibe inmediatamente una sensación de bienestar debido a la presencia del fuego, un placer del que carecen muchos de los hogares contemporáneos. Estos fuegos también servían para calentar la comida y alimentos en los pequeños hornos adyacentes. Los muebles son sencillos y están hechos de madera, pero son abundantes, incluida una hermosa silla Windsor con rueda en el respaldo (*esquina superior izquierda*). La sensación reconfortante se refuerza mediante la exposición de objetos queridos: platos, jarrones, tazones, objetos de latón pulido y relojes. La vajilla para las ocasiones especiales se muestra en una vitrina de esquina con cristales.

MÁS INFORMACIÓN				
CASAS GALESAS	80	222	224	253 338
CHIMENEAS	255	264	338	340
MUEBLE RÚSTICO	224	265	338	

En un interior tradicional de Canadá parecido, por la falta de sofisticación (*página anterior, inferior izquierda*), la estufa es el centro del calor y la energía en torno al cual se reúne la familia. Esta sencilla vivienda (*derecha*) de la época colonial se conserva en un museo popular cerca de Quebec. Las maderas sólidas empleadas en la construcción y los sencillos armarios de madera son señal de una tierra en la que abundan los bosques y donde los inviernos son muy fríos. A pesar de la imponente presencia de la estufa bellamente decorada, el conjunto posee una serenidad que recuerda quizá que también Canadá tiene fuertes conexiones con la estética septentrional expresada con tanta fuerza en los interiores de Escocia y Escandinavia.

MÁS INFORMACIÓN
ESTUFAS   240 272 284 317 326
SUELOS RÚSTICOS   125 230 239 280 299

DISEÑADO PARA VIVIR | ESTILOS PARA EL CONFORT

Más ejemplos de la decoración tradicional sueca en el museo de Skansen; pero estos interiores (*superior izquierda* y *derecha*) son muy distintos a los del neoclasicismo gustavino de las casas de las familias adineradas de Estocolmo. En este caso, se trata de ambientes familiares donde se ponen a la vista los objetos de valor, desde los escasos platos del aparador hasta atesoradas piezas de mobiliario pintadas. La mesa y las sillas son bastas y rústicas, pero en la esquina de la habitación puede admirarse un armario bellamente decorado, la pieza más importante a la vista, que solía ser un regalo de boda o el armario donde se guardaba el ajuar de la novia.

Uno de los aspectos más sorprendentes del mobiliario de madera de esta casa canadiense (*superior izquierda*) es la elegancia a pesar de su sencillez. Las sillas, la mesa y el armario de dos partes poseen un extraordinario refinamiento que surge de las líneas sencillas y de la conveniencia para sus propósitos. En este otro comedor sueco (*superior derecha*) se ha hecho un esfuerzo más premeditado para introducir elementos decorativos fuertes en un conjunto sencillo. Estos son algunos ejemplos de mobiliario rústico pintado, siendo el reloj de pie y el armario de esquina los que tienen una decoración más elaborada.

La madera posee una cualidad alegre cuando se utiliza en la cocina que no tienen el metal, el plástico u otros materiales cerámicos. Aquí, un aparador y un estante (*superior izquierda*) proporcionan el fondo perfecto para la colección de vajillas rústicas de esta casa de la Alta Saboya, Francia. Incluso en un ambiente estrictamente urbano, los tonos cálidos de una madera de colores vivos pueden aliviar la sensación de estar rodeado por piedra, ladrillo y hormigón. Esta pequeña cocina de París (*superior derecha*) es un verdadero paraíso de delicias, todas enmarcadas por la madera que la rodea, en una interpretación moderna de los elementos rústicos tradicionales.

En el dormitorio, la madera proporciona un color de fondo alegre a los muebles suaves que suelen encontrarse en este tipo de habitación. En esta casa de Alta Saboya (*superior izquierda*), la construcción en forma de chalet otorga a la habitación una sensación de seguridad y aislamiento agradable, destacando los elementos normales de la comodidad, es decir, la cama y el sillón orejero. Más espartana es la sensación que transmite este tradicional dormitorio canadiense, a pesar de que la cama de palos torneados y los retratos de la pared sugieren que esta habitación tenía mucha importancia dentro de la casa (*superior derecha*).

El interior de esta cabaña de trampero en Quebec, que ahora se conserva en un museo, expresa la necesidad humana del confort, seguridad y calor que sus constructores habrían sentido en pleno invierno canadiense. Una robusta estufa ocupa el centro de la habitación entre el sencillo mobiliario, mientras que el reducido tamaño de las ventanas está pensado para evitar la pérdida de calor. El resto del mobiliario posee una sencillez rústica. Sin embargo, su propia simplicidad le concede una especie de dignidad y modernidad.

DISEÑADO PARA VIVIR | *ESTILOS PARA EL CONFORT*

Estos dos interiores escandinavos, muy diferentes en lo que respecta a su grado de acabado, expresan muy bien las mismas tradiciones. El estudio de un pintor, reconstruido en Skansen (*superior izquierda*), está repleto de artefactos de una cultura que da gran valor a los materiales que emplea en el diseño y la creación: muebles y objetos de madera sencillos pero peculiarmente sofisticados, cortinas y alfombras lisas, todos están dentro de una construcción realizada con los materiales disponibles en el entorno.

Una sensación similar de respeto por los materiales es evidente en esta casa (*inferior izquierda*) diseñada por Eliel Saarinen en Hvittsträsk, Finlandia, durante la primera década del siglo XX. El comedor posee una calidad integrada en lo que se refiere a la relación entre el mobiliario y los elementos decorativos, que refleja la interpretación personal del arquitecto sobre el ideal artístico de la casa familiar como una obra de arte.

MÁS INFORMACIÓN		
CASA DE SAARINEN	88	382
SKANSEN	230	
ARTESANÍA	255	

La madera, especialmente en forma de vigas vistas, parece causar una sensación agradable en la mayoría de las personas. ¿Podría ser la sensación de estar en contacto con los fundamentos estructurales del edificio que nos protege? En el ático de las casas antiguas existe la sensación de estar conviviendo con lo que, literalmente, evita que se nos caiga la casa encima. También está esa cualidad de lugar secreto o apartado, expresada de forma maravillosa en estos dos dormitorios de casas francesas, una cerca de Grenoble (*superior derecha*) y otra en el *département* de Allier (*inferior derecha*).

MÁS INFORMACIÓN						
DORMITORIOS	98	192	214	239	263	
HABITACIONES EN EL ÁTICO	124	133	239	263	310	313
CASAS DE MADERA	236	239	240	244		
CASA DE GRENOBLE	383					

DISEÑADO PARA VIVIR | *ESTILOS PARA EL CONFORT*

Estos cuatro interiores (*esta página* y *página opuesta*) muestran cómo la sensación de confort puede construirse en un espacio pequeño concentrando diseños, texturas, pequeños objetos y muebles. En este interior de una casa de Normandía (*superior izquierda*), el calor y bienestar que transmiten los paneles de madera, incluso una chaqueta y un sombrero colgados de su percha, añaden un valor decorativo. La decoración de esta caravana presenta excepcionales problemas de espacio. A pesar de ello, el hogar de esta familia parisina de artistas (*superior derecha*) ha logrado crear un efecto de comodidad y lujo. Todo ha sido calculado para que la mayor parte del espacio se dedique a ampliar la ilusión de encontrarse en una sala de estar convencional, con alfombras, sillas, mesas y aparadores con cajones.

En la misma caravana, el dormitorio (*superior izquierda*) es un verdadero cajón de sastre, de suaves muebles e incluso juguetes. Está separado de la zona de estar por una pesada cortina de terciopelo que se puede retirar durante el día si se necesita más espacio. De alguna forma, el pesado efecto decorativo de la caravana recuerda al gusto victoriano por los esquemas de estampados intensos en el interior de las casas. Este ejemplo clásico de una habitación del siglo XIX (*superior derecha*) refleja el estilo común en Europa que se exportó a Canadá durante ese período, con una profusión de motivos entrelazados en las cortinas y alfombras, que en este caso se conserva en una casa de Quebec.

El efecto de los libros alineados en una habitación es acogedor y agradable en todos estos interiores (*esta página* y *página opuesta*), sin embargo la impresión general es que estas bibliotecas no tienen el mismo acabado que las que se ilustraban en páginas anteriores del capítulo. En el estado mexicano de Chiapas, en San Cristóbal de las Casas, se encuentra este instituto dedicado a salvaguardar los intereses de la población local. El instituto fue fundado en los años cuarenta en un antiguo seminario que ahora acoge voluntarios en sus agradables habitaciones; esta sala de estar destaca por la chimenea construida con ladrillo (*superior*).

Este estudio (*inferior izquierda*) es otro ejemplo de la compostura sueca en la decoración de interiores que hemos observado en las muchas habitaciones que se conservan en el museo Skansen. En este ejemplo, sin embargo, son más importantes los pequeños adornos y los objetos colgados de la pared aunque con una humildad conmovedora, como si el propietario hubiera sido un miembro destacado de la sociedad sin llegar a ser prominente.

En esta fotografía (*página opuesta*) es fácil reconocer cómo la disposición de objetos muy personales, de muebles y la colocación aparentemente casual de los libros en las estanterías, hace de esta biblioteca del apartamento de un diseñador de moda de París un lugar de trabajo perfecto y cómodo.

MÁS INFORMACIÓN

PAREDES DE LADRILLO	38	122	265		
ESTANTERÍAS	99	201	202	204	248
	249	252	310	316	
CASAS DE MÉXICO	30	78	171	277	355
ESCRITORIOS	203	206	208	457	458
ESTUDIOS	130	181	203	444	456
LÁMPARAS	134	260	303	364	

DISEÑADO PARA VIVIR | ESTILOS PARA EL CONFORT

Si ha existido alguna vez un estilo reconocido de decoración de interiores que sugiriese confort, ése es el estilo inglés. Evoca pensamientos de butacas y sofás enormes, quizá un poco gastados, guardafuegos de clubs y una atmósfera general de lujo utilizado. De hecho, este interior (*superior* izquierda) a pesar de lo que puedan sugerir sus características, es parte de un almacén convertido en el norte de Londres, en el que los propietarios tienen su vivienda y dirigen un negocio de muebles antiguos. Una lámpara del siglo XIX emite una agradable luz a través de la pantalla de seda sobre las dos inmensas butacas, una pila de libros sobre arquitectura repartidos por el suelo y una mesa consola del siglo XIX; debajo duerme una camada de cachorros de yeso. Este espacio, un estudio, está separado de la cocina por columnas neoclásicas.

Una sensación similar de confort acompañada de tradición emana de este estudio repleto de libros de una antigua casa de Quebec (*inferior izquierda*). Una vez más, tenemos la sensación de que el tiempo se haya detenido en algún momento de la época victoriana tardía o de la era eduardiana, a lo que contribuye decisivamente la presencia de madera oscura.

MÁS INFORMACIÓN					
ESTANTERÍAS	99	201	202	204	246
	252	310	316		
MUEBLES DE PIEL	235	256	264	313	314
ESTILO VICTORIANO	245	254	357		

A pesar de encontrarse muy lejos de Inglaterra, este estudio bien amueblado de una casa chilena tiene el mismo aspecto cuidado que caracteriza el resto de los interiores ilustrados en estas páginas. El mobiliario, sin embargo, está llamativamente decorado, mientras que la presencia de una guitarra añade un toque latino a la decoración.

Este estudio de Charleston tiene un marcado estilo inglés. Se encuentra en una casa de campo de Sussex que se hizo famosa por ser morada de miembros prominentes del círculo de Bloomsbury. Las pinturas en torno a la chimenea y el diseño de las telas de las butacas son obra de Omega Workshops, fundada en 1913 por el crítico de arte Roger Fry, que impulsó el trabajo de los jóvenes artistas de Bloomsbury como Vanessa Bell y Duncan Grant.

MÁS INFORMACIÓN

CASAS DE CHILE	196	333	371 379
CHARLESTON	83	260	358

DISEÑADO PARA VIVIR | ESTILOS PARA EL CONFORT

A pesar de carecer de los accesorios ostentosamente cómodos del estilo inglés –grandes butacas y sofás–, esta habitación de un apartamento de París (*superior*) consigue producir una sensación agradable y viva. Los muebles son escasos y elegantes, pero la acumulación de pinturas, dibujos, libros y un tablón lleno de papeles convierten esta habitación en una especie de dormitorio-estudio muy interesante. Asimismo hay algo en la disposición de los objetos y los muebles que hace pensar que todo se acumuló de un a forma accidental, sin planificar.

El confort, estilo europeo central, posee cierta formalidad: las sillas, inspiradas en modelos franceses del siglo XVIII y colocadas en torno a una mesa pequeña, invitan a la conversación formal; la distribución y colocación de cuadros y objetos es muy meditada; los suelos de madera pulida aparecen sin alfombras. Sin embargo, está claro que la habitación ha sido diseñada como un lugar donde poder reunirse y conversar en una atmósfera acogedora y agradable, donde los libros y las colecciones más preciadas de los propietarios de este apartamento de Budapest pueden enseñarse (*superior*).

Si los dos principios opuestos de la decoración de interiores se describieran como, primero, una búsqueda de líneas y formas puras sin adornos y, segundo, como una exaltación en la elaboración y la decoración, no cabe duda de hacia qué lado se inclinaría el gusto del propietario de este apartamento de Bruselas (*estas páginas*). Todas las superficies, horizontales y verticales, se han cubierto de elementos añadidos para crear un ambiente intenso en el que el mundo exterior tiene poca importancia. Las paredes y las estanterías de color oscuro crean una sensación de reclusión, al tiempo que proporcionan un contrapunto a los lomos de colores claros de los libros. Todo lo que hay en esta habitación ha sido puesto allí a propósito como un adorno; además de los elementos decorativos más ortodoxos como los cuadros, biombos, urnas y jarrones, puede contemplarse una notable colección de esquinas de marcos antiguos.

MÁS INFORMACIÓN

ESCALERAS DE BIBLIOTECA	201	204	206	269	316
ESTANTERÍAS	99	201	202	204	246
	248	249	310	316	
REPISAS DE CHIMENEA	340	341			
COLECCIONES	265	268	298	302	307
	321	357	359	361	362

DISEÑADO PARA VIVIR | *ESTILOS PARA EL CONFORT*

Los colores oscuros y la utilización exuberante de superficies de recargados estampados fueron las dos características dominantes en la última etapa del estilo victoriano, o al menos de su versión entre las clases medias (*superior izquierda* y *derecha*). Las maderas nobles, en especial la caoba, la decoración recargada y las alfombras persas denotaban la prosperidad de una familia de alta posición. A pesar de ello, resulta interesante que en esta casa de Quebec existan reminiscencias de lo que la burguesía victoriana consideraría un lujo decorativo de la alta burguesía, un trofeo de caza, la atmósfera de biblioteca y la ostentosa exposición de objetos costosos.

En este ambiente victoriano (*superior izquierda*), el gusto de la época por los estampados ha sido empleado copiosamente: todas las superficies, incluido el techo, están cubiertas por una pesada decoración en aras del confort y el ambiente hogareño. Sin embargo, se observa un apego a la artesanía en el mobiliario, una señal de que la última parte del siglo XIX trataría con fuerza temas relacionados con el diseño y la adecuación al propósito. Frente a los decoradores victorianos, este sencillo y elegante interior escocés del siglo XVIII (*superior derecha*) consigue encontrar una sensación de calidez agradable; obsérvese el contraste de los cuadros y los muebles contra los paneles verdes de la pared.

TOQUES PERSONALES

En muchos de los interiores ilustrados en las páginas siguientes se utilizan con frecuencia objetos muy personales para crear entornos marcadamente individuales. Otros adquieren su individualismo de una decoración inacabada a propósito. Se puede adivinar que el escritorio con un hueco para las rodillas (*superior izquierda*) de este apartamento de París se ha utilizado como un mero soporte para otros elementos decorativos de la habitación. Mucho más apropiada como lugar de trabajo, aunque se encuentre en una esquina muy decorada frente a una pared falsa, es este escritorio de madera pulida también de un apartamento de París (*superior derecha*).

En algunas ocasiones, un escritorio de trabajo puede constituir un foco de interés dentro de una habitación mayor, una especie de alternativa a las zonas de estar principales. Esta opción puede ser especialmente efectiva si sobre el escritorio o la mesa se colocan objetos poco habituales o pequeñas obras de arte, como en estos ejemplos de un apartamento de París (*superior izquierda* y *superior derecha*).

DISEÑADO PARA VIVIR | *TOQUES PERSONALES*

Reunir objetos interesantes es una forma segura de crear una atmósfera impactante en cualquier habitación. Este interior napolitano (*superior izquierda*), destila mucho de su encanto de la exposición de la colección de telas del siglo XIX del propietario, cuyos ricos diseños dominan la decoración de las paredes. Los arreglos secundarios hacen que esta habitación sea un auténtico armario de curiosidades: un montón de libros en la mesa, pequeñas estatuillas que podrían haber pertenecido a un cementerio, incluso cabezas de muñecas entre otros *objets trouvés*. Una sensación parecida de efectos decorativos casuales colocados en montones prevalece en este apartamento de París (*inferior izquierda*). Aquí, la mayor concentración de objetos dispares está en una bella mesa neoclásica, en línea con la sobriedad general del mobiliario.

El efecto que produce el apartamento de París (*página opuesta*), que perteneció a Coco Chanel, puede definirse justamente como un espacio de lujo cuidadosamente acabado. La sensación de opulencia general prevalece pero no ha sido casual. Todo aquí tiene su lugar, desde la estatuilla clásica colocada sobre la repisa de la chimenea a la colocación de las sillas Luis XV; el tamaño de los objetos es tan importante como su procedencia. Y todo está exactamente igual que cuando Coco trabajaba aquí.

MÁS INFORMACIÓN					
CHIMENEAS DE MÁRMOL	45	114	190	265	295
ESTUDIOS	204	256	271	303	331
ESPEJOS	263	285	296	299	303
MESAS OVALADAS	109	220	288		
APARTAMENTO DE CHANEL	356	364			

Comodidad e intimidad; éstas son las cualidades expresadas de modo supremo en las formas de este sillón orejero tradicional. Suelen tener un tapizado mullido, con brazos almohadillados, el respaldo alto se eleva hasta formar dos «orejas» redondas que sobresalen y protegen la cabeza de su ocupante de corrientes de aire o intrusiones no deseadas. Es difícil establecer la época en que se elaboraron las primeras butacas de este tipo, pero hay constancia de que ya existían algunos ejemplares a finales del siglo XVII. Su diseño básico siguió siendo muy popular durante los siguientes dos siglos hasta llegar a la época eduardiana, en la que parece haber adquirido su estatus actual, junto con el Chesterfield, como asiento clásico de los clubes. Este ejemplo concreto (*izquierda*), que se encuentra en la casa de campo Charleston de Sussex, conserva cierta ligereza, quizá debido a que pueden verse las patas y el material de la funda es de color claro. Es más habitual ver ejemplos recargados, con tapicería a menudo de gruesos terciopelos o piel, que llegan hasta las cortas patas en forma de bola. Durante los últimos cien años, se han realizado interesantes intentos de dar un aspecto moderno a esta forma; caben destacar los de Charles Eames en palo de rosa y piel, el modelo «N.º 670» de 1956 y el de Arne Jacobsen, en su silla «Egg» del año siguiente.

MÁS INFORMACIÓN					
FUNDAS EXTRAÍBLES	38	113	179	183	190
	297	302	307	313	
CHARLESTON	83	249	358		
ALFOMBRILLAS	124	134	272	282	304
LÁMPARAS	134	247	303	364	

Frente a la relativa sobriedad del ejemplo inglés, este sillón orejero (*derecha*) es claramente llamativo. Se han exagerado las formas tradicionales del respaldo alto y las orejas para crear una pieza apropiada para un salón elegante. También cabe destacar las patas *cabriole*, que están pensadas claramente para que permanezcan a la vista.

MÁS INFORMACIÓN
SILLONES OREJEROS   239   249   297   304

DISEÑADO PARA VIVIR | *TOQUES PERSONALES*

El eclecticismo decorativo es la clave principal de la decoración de este apartamento de Nueva York. Cada habitación de la casa tiene un tema, que se expresa tanto en la decoración de las paredes como en los muebles. El dormitorio principal (*superior izquierda*) está dedicado a la cultura de los navajos; las alfombrillas del suelo, el cubrecama y la decoración de las paredes contienen los motivos tradicionales del tejido navajo. El friso que jalona toda la habitación representa ejemplos de la alfarería navaja. Incluso la cama es de mimbre tejido. Otra habitación (*inferior izquierda*) está imbuida por el espíritu europeo del siglo XVIII, con toques propios del Nuevo Mundo, como la alfombrilla. Los grandes cojines, el cubrecama y el armario son todos de sarga.

MÁS INFORMACIÓN					
MUEBLES PARA LA HABITACIÓN	115	119	193	282	
ALMACENAMIENTO EN LA HABITACIÓN	271	308			
ARCONES DECORADOS	159	251	377	441	
TEJIDO	116	260	282	442	454

Todas las habitaciones ilustradas aquí tienen el mismo propósito; que el tiempo pasado en ellas transcurra tan cómodamente como sea posible. A pesar de ello, existen diferencias entre ellas, que se explican en parte por el lugar en el que se encuentran. En un tradicional apartamento de París (*superior derecha*), las vigas vistas de la antigua estructura ponen una nota cálida en un ambiente urbano. Un dormitorio de una casa de Nápoles (*esquina superior derecha*) sirve como lugar para mostrar los gustos eclécticos del propietario. En la esquina, un pequeño santuario votivo sujeto por un trípode; la decoración de las paredes incluye la cabeza de un ángel en papel maché fijado a una estructura de metal abstracta. Este dormitorio sueco (*inferior derecha*) es la personificación de la compostura neoclásica escandinava; obsérvese la gama de azules y amarillos claros. En una casa de la Provenza (*esquina inferior derecha*), el cabecero y los pies de las camas adoptan los colores y diseños tradicionales de la región, esos cálidos amarillos y diseños florales que se reproducen tan a menudo en los tejidos y las vajillas del sur de Francia.

MÁS INFORMACIÓN						
HABITACIONES	98	192	214	239	243	
HABITACIONES EN EL ÁTICO	124	133	239	243	310	313
VIGAS DE MADERA	101	124	142	149	243	
DORMITORIOS DE SUECIA	214	215				
ARCONES DE CAJONES	162	193	271	358	361	
ESPEJOS ALTOS	114	302				

DISEÑADO PARA VIVIR | *TOQUES PERSONALES*

El carácter informal de estas dos salas de estar de una casa de la región de Lot en el sudoeste de Francia (*superior izquierda* e *inferior izquierda*) posee una cualidad seductora. Son cálidas, acogedoras y es evidente que son habitaciones de uso cotidiano. El punto de interés de ambas es la chimenea, alrededor de la cual se pueden colocar las colecciones de cuadros y objetos de los propietarios. En ambas se confía al color la función de definir el carácter de la estancia; alfombrillas vibrantes y muebles con fundas sobre un fondo desgastado pero que conserva su calidez.

MÁS INFORMACIÓN

CHIMENEAS   234   255   338   340

En estos dos interiores, las chimeneas juegan un papel fundamental en la planificación general de las habitaciones. Los objetos y pinturas se disponen en torno a ellas de forma ordenada aún cuando se buscan efectos distintos en cada una. El ladrillo visto y la madera envejecidos de esta casa de Nueva York (*superior derecha*) dan a la habitación un aire rural reforzado por el mobiliario rústico y las pinturas naif de las paredes. Una vez más, en una casa de vacaciones en la Isla de Ré (*inferior derecha*), la disposición de los libros, pinturas y maquetas de barcos se ordena cuidadosamente en torno a la chimenea, convirtiendo toda la pared en un área dedicada a los intereses personales del propietario.

MÁS INFORMACIÓN					
PAREDES DE LADRILLO	38	122	246		
MUEBLES RURALES	224	234	338		
CASAS DE VACACIONES	38	123			
COLECCIONES	253	268	298	302	307
	321	357	359	361	362
ANIMALES	212	247	271	285	322

DISEÑADO PARA VIVIR | *TOQUES PERSONALES*

Los colores terrosos fuertes son la esencia misma de la Provenza; pueden encontrarse en los tejidos, las vajillas y, en estas imágenes, en las paredes de una casa tradicional de la región (*página opuesta* y *derecha*). El amarillo, en tonos cálidos, se asocia especialmente a la vajilla que se fabrica en la región; por ese motivo, la cocina sencilla de la casa se ha pintado de ese color. El rojo ocre del comedor es también un color muy arraigado en la región, que se utiliza tanto en el interior como en el exterior de las casas; aquí plantea un fondo excelente para el bodegón al estilo Cézanne de la mesa. Los colores utilizados en las paredes poseen una intensidad sorprendente.

MÁS INFORMACIÓN					
ASPECTO RURAL	132	138	275	279	
CASAS DE LA PROVENZA	111	119	123	124	129
COCINAS RURALES	198	224	292	362	419
FAROLES	198	370	378	392	398

DISEÑADO PARA VIVIR | *TOQUES PERSONALES*

La acumulación de objetos, recuerdos personales, objetos superfluos, puede recibir un buen uso decorativo, convirtiendo en virtud el desorden creativo. En una casa a las afueras de París (*superior izquierda*), el propietario, un pintor y estilista, ha reunido sus efectos personales para crear una atmósfera liviana y acogedora. Un banco de trabajo y el material para dibujar descansan tranquilamente junto a muebles antiguos y modernos, trajes colgados de la pared y cuadros. Otros objetos hacen notar su presencia por ser inusuales en un entorno doméstico, como estas tres esculturas de un estudio de moda belga (*superior derecha*).

Otro interior belga (*superior izquierda*), parte de un apartamento justo en el centro de Bruselas, parece mucho más vivo por el cúmulo aparentemente desorganizado de objetos que contiene. Los libros están torcidos, mientras que los maniquíes crean una sensación surrealista. Este otro comedor en el estudio de un escultor en Estocolmo está más ordenado (*superior derecha*), pero una vez más la exposición de objetos en apariencia no relacionados entre sí y obras de arte hace que el espacio parezca muy interesante.

DISEÑADO PARA VIVIR | *TOQUES PERSONALES*

Las habitaciones privadas, como habitaciones y estudios, a menudo guardan las historias personales de sus propietarios. Es en ellas donde conservamos los objetos y recuerdos del pasado como posesiones que ya no utilizamos, juguetes y muñecas olvidados. Por ejemplo, en esta habitación de un piso de París (*superior*) se percibe un aire de intimidad, como si su ocupante acabase de salir de la habitación.

Las licencias decorativas, la libertad para yuxtaponer objetos de naturaleza personal, parecen mucho más apropiadas en un estudio que en el salón principal.

Este escondite privado de una casa de Santiago (*superior*) está plagado de referencias al interés del propietario por el mundo ecuestre.

TEXTURAS HEREDADAS

Estilo hogareño, norte de Pensilvania: este interior de una cabaña que prácticamente no ha sido alterada (*derecha*) cerca del río Delaware es el retiro para los fines de semana de una pareja de Nueva York, un diseñador de moda y una artista conceptual. La cabaña es uno de los edificios de una granja cuyos actuales propietarios utilizan casi como se hacía en la época en que se fundó. No ha sufrido ninguna modificación desde su construcción, ningún intento por embellecerla, únicamente se ha mantenido el esfuerzo por continuar viviendo en la granja como se lleva haciendo cientos de años.

DISEÑADO PARA VIVIR | *TEXTURAS HEREDADAS*

Todo lo que se va, vuelve; lo que se consideraba basura hace veinte años ahora es el estilo retro. Un aspecto a destacar de esta especie de nostalgia de los decoradores de interiores es su preferencia por artilugios de la era anterior al plástico y su fascinación por lo modesto y corriente del pasado. En el museo Tenement del Lower East Side de Nueva York, se han reconstruido varios apartamentos que reflejan la vida en una casa de vecinos entre mediados del siglo XIX y el período anterior a la segunda guerra mundial (*página opuesta* e *inferior derecha*). Éstas son las condiciones en las que los inmigrantes que llegaban en masa a las ciudades en ese período habrían intentado conseguir una vida más digna. Las demás cocinas ilustradas aquí, de Londres (*superior derecha*), de la Toscana (*esquina superior derecha*) y París (*esquina inferior derecha*), utilizan elementos de la instalación o utensilios reciclados de un tiempo pasado. Lo que antes era sencillo y corriente, ahora se ha convertido en chic.

MÁS INFORMACIÓN

ESTANTES DE COCINA	109	138	171	218	222
	238	363			
COCINAS DE ESTADOS UNIDOS	199	224	363		
COCINAS ECONÓMICAS	224	228	234	238	292	309
LAVABOS Y FREGADEROS	102	105	106	224	288
	290	363			
MUEBLES DE MADERA CURVADA	136	141	176	329	
PAREDES CON TEXTURA	276	281	286	293	410

DISEÑADO PARA VIVIR | *TEXTURAS HEREDADAS*

Un tipo parecido de nostalgia al que nos hace valorar los viejos cacharros de cocina parece apropiarse de algunos propietarios de casas antiguas, que creen que el aspecto envejecido es, de alguna manera, más auténtico que una decoración muy cuidada. El efecto general de esta casa belga (*superior*) es la de estar constantemente en obras, como si estos elementos fueran a unirse para dar forma al entorno completado. En efecto, la falta de acabado permite dejar a la vista las texturas y colores de las paredes abigarradas; las superficies irregulares y sin terminar son un escenario perfecto para el mobiliario.

Sin duda, las monjas dominicas que fundaron el hermoso convento de Santa Catalina en Oaxaca, México, no buscaban un aspecto envejecido de forma deliberada para las habitaciones (*superior*). Los interiores deben el aspecto sencillo de sus rugosas paredes a la ausencia de ostentación propia de la celda de una monja. El convento, ahora transformado en un hotel, ofrece habitaciones donde pueden admirarse muebles de estilo castellano de hermosos tallados, cuya belleza se realza aún más por el contraste con la aspereza de las paredes.

DISEÑADO PARA VIVIR | *TEXTURAS HEREDADAS*

La fascinación por las paredes de superficies antiguas sin tratar y los efectos arbitrarios que suelen mostrar son parte de una nueva forma de abordar el tema del «acabado» en la decoración. Ya no parece esencial que los colores de las paredes sean sólidos y estén aplicados uniformemente; las superficies desiguales, decapadas, veteadas, de colores desgastados, producen una gran variedad de efectos irregulares satisfactorios. Los estragos del tiempo, no pueden reproducirse fácilmente, y los propietarios de estos dos interiores, en Francia (*superior izquierda*) y en Bélgica (*superior derecha*), han conseguido un efecto espectacular y agradable dejando que los ecos del pasado cuenten arriba su propia historia.

Lo que puede aplicarse a las paredes y a los elementos permanentes de cualquier interior también es válido para el mobiliario. Las piezas no tienen por qué estar totalmente inmaculadas. Las sillas y la mesa pintadas de este comedor de una casa-estudio cerca de Bois de Boulogne (*superior izquierda*) soportan el visible paso del tiempo con dignidad y perderían mucho de su encanto si se las puliera o diera una mano de pintura. De la misma manera, la madera sin tratar (*superior derecha*) en esta cocina de París no necesita forzosamente las atenciones de la cera o el barniz.

El principio de mínima intervención se ha aplicado en esta casa notablemente hermosa del sudoeste de Francia (*estas páginas*). Todas las superficies expuestas –paredes, suelos, techos– se han dejado en el estado en el que probablemente se encontraban al final del siglo XIX. Es curioso, quizá, que las formas minuciosas del mobiliario de época adquieran un atractivo adicional frente a los colores sombríos del yeso y el suelo sin tratar. Los elementos restaurados, como las chimeneas, destacan de forma sorprendente.

MÁS INFORMACIÓN					
VESTÍBULOS	325	327	335	355	
ESCALERAS	97	232	234	254	314
	322	326	328	330	332
SUELOS SIN TRATAR	125	230	235	239	299
PAREDES CON TEXTURA	274	276	286	293	410

DISEÑADO PARA VIVIR | *TEXTURAS HEREDADAS*

Esta hermosa casa del siglo XVIII está decorada en su totalidad en un estilo sumamente ecléctico; cualquier cosa del agrado de los propietarios se ha incluido de una forma brillante e imaginativa. Las habitaciones (*superior*) no son una excepción; ésta destaca por la presencia del baldaquín de extrañas líneas y por el despliegue de alfombras de hilado plano de atractivos diseños. Para ser consistentes con la calidad inalterada del resto de esta casa del sudoeste de Francia (*págs. 280-281*), en este dormitorio (*página opuesta*) el efecto decorativo recae plenamente en el mobiliario, creado principalmente por las cortinas voluminosas que caen desde el dosel elevado de una de las camas.

DISEÑADO PARA VIVIR | *TEXTURAS HEREDADAS*

Los muebles de factura contemporánea nunca han traspasado el umbral de esta casa de piedra picada de Connemara. El propio edificio exhala el carácter salvaje y misterioso de esta parte de la costa de Irlanda, el límite de Europa. En todas las habitaciones puede verse el material básico utilizado en la construcción; y frente a las ásperas paredes y el suelo, se han colocado los muebles, que muestran sin reparo el desgaste y los rasgones del tiempo y de sus orígenes como material de derribo. Incluso las puertas proceden de otros edificios, como la chimenea de acero forjado del comedor (*superior izquierda*) y los sanitarios y muebles del cuarto de baño (*inferior izquierda*). La vitrina que hay encima de la bañera era la parte superior de una chimenea victoriana, pero sus armarios y espejos ahora son el complemento idóneo para el baño. Un surtido de muebles de todas las épocas, incluida una mesa de Lloyd Loom, completa una habitación de sorpresas.

MÁS INFORMACIÓN					
CASAS DE IRLANDA	221	330	336	341	456
ESTUFAS	234	240	272	317	326
CUARTOS DE BAÑO	98	102	104	106	153
	195	196			
PAREDES DE PIEDRA	119	133	289		

El comedor de una casa del sudoeste de Francia (*págs. 280-281, 283*) continúa el tema de las demás habitaciones: la disposición de muebles decorativos en un escenario de sencillez sin restaurar (*superior derecha*). Aquí, hay una nota añadida de interés: el suelo original de piedra. El aspecto accidental, al azar, de las paredes sin tratar resulta espectacularmente evidente en este apartamento de París (*inferior derecha*), ante todo porque el resto de los elementos de esta habitación son algo formales en su apariencia y disposición, lo que hace que el aspecto de la pared resulte aún más impactante. La colocación de un espejo grande sobre la chimenea es una yuxtaposición estrictamente clásica. Las mismas formas de los sillones estilo Luis XVI denotan una elegancia formal que contrasta con la mesa plegable.

MÁS INFORMACIÓN

ESPEJOS	259	263	296	299	303
COMEDORES	88	94	110	116	130
	136	171	226		
MUEBLES LUIS XVI	251	298	302	339	
SUELOS ADOQUINADOS	120	327	333	458	
MESAS PLEGABLES	334	388	407		

La pátina del tiempo se ha apoderado hasta del último rincón de esta casa provenzal del siglo XVII (*pág. 205*), que en su origen fue el hogar de varias generaciones de abogados. Su último propietario, un florista de París, decidió dejar que el encanto exclusivo de este edificio se revelase paulatinamente evitando restauraciones extensas precipitadas que destruirían fácilmente el espíritu de este lugar. En la planta baja se encuentra el gran salón (*derecha*) que, en algún momento del pasado, debió ser despojado de los paneles y espejos que seguramente cubrían las paredes. El inesperado resultado es un espacio maravilloso en el que el color, las texturas y la luz se combinan para crear un comedor único durante los meses de verano, y durante el invierno su proximidad al jardín lo convierte en invernadero provisional que protege las plantas del frío.

DISEÑADO PARA VIVIR | *TEXTURAS HEREDADAS*

El color rojizo es muy habitual en todo Rosellón, Provenza; cada pared, ya sea interior o exterior, construida con piedra de las canteras locales, es teñida por el polvo de los increíbles acantilados ocres sobre los que se asienta la ciudad. Incluso su nombre proviene del ocre; los romanos llamaron a este lugar Viscus Russulus (colina roja). En este comedor (*superior izquierda*) de una de las casas del pueblo, la presencia del color ocre es más que evidente. También puede verse un despliegue de otros colores tradicionales de la Provenza —amarillos y azules— en los cacharros de la mesa auxiliar.

¿Por qué será que en los climas cálidos las superficies rugosas sin tratar resultan mucho más apetecibles que en los climas fríos y húmedos? Quizá sea porque se prefieren los interiores sencillos ya que se sabe que se puede pasar la mayor parte del día al aire libre. La sencillez es, sin duda, la nota característica de esta casa de campo de Mallorca, en el interior de la isla y alejada de las masas de turistas que inundan sus costas. El cuarto de baño (*inferior izquierda* y *página opuesta*) recibe luz por las pequeñas ventanas en los muros gruesos que están cubiertas de cristal opaco que filtra los fuertes rayos del sol.

MÁS INFORMACIÓN				
LAVABOS Y FREGADEROS	102	105	106	224 275
	290	363		
PAREDES DE TERRACOTA	107	128	145	286
MESAS OVALADAS	109	220	258	
PAREDES DE PIEDRA	119	133	284	

DISEÑADO PARA VIVIR | *TEXTURAS HEREDADAS*

En esta cocina de la Provenza (*superior izquierda*), los juegos simétricos de estantes están enmarcados por ramas de sauce cortados durante excursiones al campo. Los materiales de estos muebles tienen un origen humilde; son, en realidad, simples tablones de madera unidos por clavos. Los vistosos utensilios, vajilla y botellas se encontraron en puestos de baratijas de mercadillos locales.

Estos otros armarios, con un acabado evidentemente mejor, están en un apartamento de París (*inferior izquierda*) y permiten exponer la vajilla del propietario casi como si se tratase de un museo. Las cocinas también pueden ampliar las posibilidades decorativas de cualquier hogar.

MÁS INFORMACIÓN

ARREGLOS DE COCINA	138	141	220	224	238
	360	362	419	438	
VITRINAS DE EXPOSICIÓN	158	321	358	360	
CARPINTERÍA PINTADA	224	232	279	304	351

A pesar de que las jarras, utensilios y cestas de esta composición tienen formas y utilidades muy distintas, el propietario de esta cocina francesa (*derecha*) ha impuesto una simetría lograda con mucho cuidado en todo el espacio de almacenamiento. En el estante superior, los jarrones decorativos trazan un perfil de formas interesantes, pero incluso los elementos más prácticos, como las cestas o la balanza, se exponen como si también fueran parte del diseño general.

MÁS INFORMACIÓN

CESTAS	150	424	426	430	432
	434	443			
CERÁMICA DECORATIVA	139	361	363		
ILUMINACIÓN DE LA COCINA	109	308	311	362	

DISEÑADO PARA VIVIR | *TEXTURAS HEREDADAS*

Esta cocina cuidadosamente ordenada de la Provenza (*superior izquierda*) conserva vestigios de la decoración anterior en las molduras de las paredes y en los armarios antiguos, convirtiéndola en un espacio muy agradable para desayunar y como comedor auxiliar.

En un estilo más rústico, la cocina de una casa de campo en Cévennes está equipada de forma parecida para las comidas en grupo (*superior derecha*). Todas las cazuelas y sartenes tienen un sitio fijo, algo indispensable en las cocinas que también se utilizan como comedor.

El orden a gran escala domina las cocinas restauradas de dos magníficas casas: el castillo de Cormatin en Borgoña (*superior izquierda*) y el palacio de verano de la familia Chigi cerca de Roma (*superior derecha*). Los utensilios originales de la cocina borgoñesa aún se conservan intactos, incluidos los morillos y los ganchos de la chimenea donde se colgaban las ollas y teteras, conocidos como *crémaillères*. Estos escenarios son una fuente de inspiración muy valiosa para los decoradores de propiedades más modestas.

UN NUEVO ECLECTICISMO

La claridad en todas sus formas parece haber sido el principio rector en la decoración de este apartamento de Nueva York (*superior*). El blanco suave de las paredes y el techo, y la madera elegida para el suelo, favorecen que la luz entre a raudales en la habitación. Se han colocado muy pocos muebles en un espacio grande formando una disposición muy equilibrada. En general, una especie de clasicismo moderno, enfatizado por las dos columnas, establece el tono. Pero su clasicismo no es ni mucho menos estricto: los pilares no son parte de la estructura y los cuadros se han dejado sin enmarcar.

Muchos de los objetos de esta casa cercana a la extraordinaria ciudad de Les Baux-de-Provence (*superior*) provienen de lugares muy exóticos y dispares, pero se han ajustado aquí para formar un conjunto armonioso y perfectamente equilibrado. El magnífico escudo africano situado sobre la chimenea actúa como punto de atención. Las dimensiones de la habitación son tan grandes que un elemento que normalmente es molesto, las escaleras, encaja cómodamente e incluso actúa como un detalle elegante adicional.

DISEÑADO PARA VIVIR | *UN NUEVO ECLECTICISMO*

No hay nada que pueda resultar más directo que la colocación de los muebles en el apartamento de París de un artista: una mesa de centro y butacas ostentosamente cómodas a lo largo de las paredes, y el tradicional espejo grande sobre la chimenea.

Sin embargo, hay otros niveles aquí que hacen del lugar un sitio mucho más interesante: una afirmación personal en las piezas pintadas y numeradas. Obsérvese también, que el mobiliario tiene superficies envejecidas muy interesantes.

En este comedor de París, se encuentran todas las cualidades tradicionales de la decoración de interiores francesa: muebles Luis XV de hermosas proporciones en un escenario relativamente simple. Pero existen sin duda gestos a favor de la comodidad, por ejemplo, en el extraño sofá orejero y el diván modelo duquesa. Cualquier sensación de formalidad se disipa por la presencia de fundas extraíbles, taburetes de cocina de madera y otros objetos.

DISEÑADO PARA VIVIR | *UN NUEVO ECLECTICISMO*

Si bien es cierto que esta sala de estar de grandes proporciones pertenece a una casa de Cévennes (*superior*), no hay nada de rústico en el cuidadoso equilibrio de los elementos individuales que contiene. La nota que la distingue es la elegancia formal neoclásica de los *bergéres* de Luis XVI dispuestos de tal modo que dirigen toda la atención a la imponente chimenea. Las urnas clásicas y un par de medallones de yeso completan la impresión de moderación sofisticada.

De la misma manera que un bodegón se crea por la acertada yuxtaposición de cosas en apariencia dispares, este interior de Bruselas (*superior*) logra una disposición muy reflexiva de los distintos artículos del mobiliario y objetos decorativos. La habitación entera, del apartamento de un escenógrafo de cine, parece una composición totalmente surrealista en la que las diferencias aparentes se reconcilian: una mesa rústica con un jarrón y sillas formales de varias épocas.

DISEÑADO PARA VIVIR | *UN NUEVO ECLECTICISMO*

Dejar al descubierto los elementos estructurales en el interior de una casa o apartamento, crea con frecuencia efectos decorativos audaces al contrastar las texturas naturales con superficies terminadas. Las venerables vigas que pueden verse en este apartamento de París (*superior izquierda*) también actúan como contrapeso efectivo a la formalidad del mobiliario, cuyo foco de interés se centra en la mesa redonda.

Por su forma, las mesas redondas son un elemento del mobiliario muy versátil. Sentarse a ellas, produce una sensación de cordialidad, de ser parte de un grupo, como en este comedor de Nueva York, por ejemplo (*inferior izquierda*). También puede situarse sola como punto central de una zona de paso, igual que ocurre en la entrada de esta casa de París (*página opuesta*). En esa posición, e iluminada desde arriba, sirve además como superficie muy útil para colocar elementos decorativos más pequeños.

MÁS INFORMACIÓN					
SILLAS DE MIMBRE	143	148	159	165	
SUELOS A CUADROS	222	378	382	397	418
MESAS REDONDAS	136	141	145	304	415
CASA DE PARÍS	308				

DISEÑADO PARA VIVIR | *UN NUEVO ECLECTICISMO*

Estos dos interiores muestran un acercamiento igualmente comedido y reflexivo de sus propietarios a la decoración, a pesar de que los contextos sean muy distintos. En ambos casos, un esquema monocromático actúa como elemento unificador. Una sala de estar ligera y espaciosa de una casa de Saint-Rémy-de-Provence (*superior izquierda*) consigue su efecto a través de muebles cuidadosamente situados en torno a una mesa baja. Se percibe más atención al detalle en la combinación de objetos y muebles de este salón de París (*inferior izquierda*), pero la sensación de orden que prevalece es la misma. La mayoría de las esculturas, pinturas, grabados y muebles son pequeños, exceptuando la mesa de trabajo de madera y hierro forjado. El sofá es, en realidad, una cama plegable de metal bien disimulada. Los dos espejos largos de la pared aumentan la ilusión de espacio.

MÁS INFORMACIÓN					
FUNDAS EXTRAÍBLES	38	113	179	183	190
	260	297	307	313	
MUEBLES LUIS XVI	251	285	298	339	
SOFÁ ORIGINAL	49	298	345	347	
ESPEJOS ALTOS	114	263			
VIÑETAS	258	308	332	360	

Las medidas justas en todas las cosas guiaron claramente a este diseñador de moda en la decoración de su apartamento en París (*superior derecha* e *inferior derecha*). No hay nada en exceso o en defecto, sino una evidente sensación de confort, a pesar de que se contrarresta con la elegancia indudable de los interiores debido a los elegantes muebles clásicos y un número de objetos equilibrado. El conjunto es ligero y espacioso, debido a las grandes ventanas y al espejo de encima de la chimenea. El efecto de los suelos duros sin vestir se atenúa por los suaves pliegues de tela del mismo tono neutral que las paredes.

Al dorso
En este salón del castillo de Outrelaise en Normandía reside un espíritu ecléctico, aunque el efecto general sea el de una cuidada composición. Los muebles son una mezcla de estilos: híbridos de Luis XV y Luis XVI, segundo imperio a la manera de Luis XIII, con sus características patas y respaldos retorcidos, comodidad del siglo XIX en las dos amplias butacas orejeras y pequeños artículos ocasionales de distintas épocas. El suelo está cubierto con grandes kilims de Anatolia. Sin embargo, la presencia de compañeros tan dispares hace que la habitación posea un aire moderno totalmente sereno, subrayado por la elección del color para los paneles de la pared, cuyas líneas verticales y horizontales definen el espacio.

MÁS INFORMACIÓN
ESTUDIOS	204	256	258	271	331
ESPEJOS	259	263	285	296	299
LÁMPARAS	134	247	260	364	
TEJIDOS PLEGADOS	17	79	312	336	337

DISEÑADO PARA VIVIR | *UN NUEVO ECLECTICISMO*

Las magníficas proporciones de este apartamento en la primera planta de una casa del siglo XVII en Versalles (*superior*) se revelan y realzan por la cuidadosa elección de los muebles y la reticencia de la decoración. El color de fondo, casi monocromo, permite a las formas del mobiliario asumir su verdadera importancia. Objetos de texturas toscas se mezclan con la colección de bellos objetos reunidos con cariño por el propietario, un decorador de interiores de prestigio internacional. Por ejemplo, los troncos ocupan un lugar prominente en la estancia, tanto por su aspecto como por su función, en una hornacina que antes alojaba una estufa de cerámica vidriada.

Los colores frescos y pálidos definen el tono de este comedor en una casa de Córcega (*superior*). La escena de paz y tranquilidad está libre de cualquier elemento discordante; incluso los ángulos se atenúan mediante fundas de lino extraíbles, con un discreto bordado de color amarillo. En este contexto, la colección de mariposas enmarcada de este diseñador de interiores, resulta aún más espectacular.

DISEÑADO PARA VIVIR | *UN NUEVO ECLECTICISMO*

BRUSELAS

PARÍS

PARÍS

PARÍS

PARÍS

PARÍS

El deseo de conseguir interiores de cuidada composición, ilustrado en las páginas anteriores, también puede aplicarse a habitaciones más privadas de la casa o apartamento. Las esquinas del dormitorio, la distribución de los muebles de cocina, los pequeños espacios de paso (*página opuesta*) también pueden demandar la atención del impulso del orden, en particular, cuando están a la vista un gran número de objetos pequeños, quizá sin ningún valor intrínseco ni tan siquiera cualidades decorativas que puedan reconocerse a simple vista. Sin embargo, esta esquina de la cocina de una granja de Cévennes (*derecha*) posee una agradable composición, a pesar de estar compuesta por cafeteras napolitanas, sartenes dispares e, incluso, dos bombonas de butano. Estos objetos son mucho más decorativos por el esquema de color unificador frente al que se sitúan.

MÁS INFORMACIÓN					
COCINAS MODERNAS	109	111	120	311	316
ALMACENAMIENTO ABIERTO	109	110	138	139	320
COCINAS ECONÓMICAS	224	228	234	238	275 292
COCINAS DE CÉVENNES	292				
ESQUEMAS MONOCROMOS	38	44	95	126	328
ALMACENAMIENTO EN EL DORMITORIO	262	271			
SILLAS DE METAL	111	130	266	331	406
ILUMINACIÓN DE LA COCINA	109	291	311	362	

DISEÑADO PARA VIVIR | *UN NUEVO ECLECTICISMO*

No es siempre la presencia de muebles y objetos del mismo estilo formal lo que da a un espacio interior la sensación de cohesión. Este estudio de un pintor en Bélgica tiene una variedad considerable de contenidos: sofás con fundas, sillas Lloyd Loom, libros, pinturas, bustos (*superior izquierda*). Pero, de alguna manera, quizá por las generosas proporciones del espacio al estilo de un loft, no se recibe una sensación de caos ni de estar abarrotada.

De nuevo, en este loft de Nueva York (*inferior izquierda*), los diversos artefactos (pinturas, espejos rococó, sillas rústicas, sillas y mesas de comedor) casi forman una instalación completa en el centro de un antiguo espacio industrial enorme.

MÁS INFORMACIÓN					
ESTANTERÍAS	99	201	202	204	246
	248	249	252	316	
RESTAURACIONES	88	108	142	268	313	316
BUTACAS DE MADERA	78	128	134	158	456
COLUMNAS DE HIERRO	108	110	130	328	331

El propietario de este apartamento de Milán buscaba (*superior derecha*), sin lugar a dudas, algo espectacular como centro de interés cuando eligió una piña, objeto apreciado en la decoración del período Luis XVI, para que ocupara una posición tan prominente en este ático. Más allá se encuentra otro punto de interés, que define aún más el eje principal de este interior: una magnífica chimenea rematada por un conjunto de candelabros con velas encendidas. El color de las paredes y las baldosas moriscas de un gris azulado emite una suave luz por toda la habitación.

Incluso en la cocina, el cuidado por la forma en que los distintos elementos –muebles fijos y móviles– se relacionan merece ser estudiado. En este interior de París (*inferior derecha*), la mesa parece un lugar muy agradable donde trabajar, comer o sentarse, situada a cierta distancia de la zona de los electrodomésticos y el fregadero. La complejidad del resto de la habitación –tuberías, columnas y paredes interiores– está dominada por el esquema general de color blanco.

MÁS INFORMACIÓN
COCINAS MODERNAS   109 111 120 309 316
COCINAS-COMEDOR   140 198 292
LOFTS   99 142 314 316
APARTAMENTO DE MILÁN   332
HABITACIONES
EN EL ÁTICO   124 133 239 243 263 313

La Bella y la Bestia en este dormitorio de una granja de Cévennes (*página opuesta*); un cama decididamente delicada y femenina frente a una estufa de aspecto brutal al otro lado de una amplia extensión de suelo. El efecto equilibrante de dos formas verticales de tanta fuerza resulta muy peculiar.

A medida que los principales centros urbanos se han ido masificando y abarrotando, el espacio y la luz han adquirido un valor excepcional en el entorno doméstico contemporáneo. La búsqueda de ambos es la sustancia de estilos de vida completamente nuevos. Una solución es buscar edificios grandes que se construyeran con un propósito distinto, como edificios industriales, y convertirlos en un espacio personal. Una pareja de Nueva York encontró esta fábrica de ladrillos abandonada en los bosques de Nueva Jersey (*superior derecha* e *inferior derecha*), en cuya restauración se han aprovechado todas las características originales del edificio –ventanas inmensas, paredes de ladrillo– para crear un entorno flexible para un mobiliario ecléctico.

MÁS INFORMACIÓN						
FUNDAS EXTRAÍBLES	38	113	179	183	190	
	260	297	302	307		
MUEBLES SIGLO XX	90	96	110	300	314	316
DORMITORIOS MODERNOS	98	100	101	125		
MUEBLES DE PIEL	235	248	256	264	314	
TEJIDOS PLEGADOS	17	79	303	336	337	
ESTUFAS	272	326	342	342		
DORMITORIOS CONTEMPORÁNEOS	98	101	133			
MUEBLES DE ÁFRICA	101	295	317	351		

DISEÑADO PARA VIVIR | *UN NUEVO ECLECTICISMO*

NUEVA YORK

NUEVA YORK

NUEVA YORK

ARGENTEUIL

Ya hemos observado lo efectivo que puede resultar prestar atención a la decoración en edificios antiguos, bien aplicando un plan general o bien creando pequeñas viñetas en rincones curiosos o en espacios de transición. En estos ejemplos (*estas páginas*), son las oportunidades que presenta la restauración, las que han ejercitado el talento de los propietarios y los decoradores; básicamente, fueron ejercicios de cómo crear zonas cómodas y acogedoras en un edificio que no se concibió con ese propósito: un rincón donde conversar aquí, una zona de lectura allá y la habilidosa colocación de las sillas y los sofás.

MÁS INFORMACIÓN				
LOFTS	99	142	310	311 316
MUEBLES DE PIEL	235	248	256	264 313
TALLERES	81	132	206	456 457
ESPACIOS DE TRANSICIÓN	131	132	332	336
BAÑOS MODERNOS	102	104	106	
DIVANES MODERNOS	90	384	404	

Cuanto más nos apartamos de las convenciones aceptadas acerca del mobiliario, más tienden los interiores domésticos a adoptar la apariencia y presencia de instalaciones completas. Como pieza central de esta antología de superficies duras, el propietario de este loft en un depósito de locomotoras de Argenteuil ha elegido un antiguo sillón de dentista como soporte para una televisión pequeña. Este ambiente va mucho más allá de lo que se solía describir como *hi-tech*, ya que plantea de forma premeditada preguntas sobre la función de los muebles y nuestras ideas preconcebidas acerca del confort en el hogar.

MÁS INFORMACIÓN
MUEBLES RECICLADOS   105   111   141   257
ILUMINACIÓN
INDUSTRIAL   93   308   313   316

DISEÑADO PARA VIVIR | *UN NUEVO ECLECTICISMO*

Si continuamos con el análisis del efecto de las decoraciones reflexivas de varias áreas de cualquier interior, estas composiciones en una serie de lofts restaurados en Argenteuil (*esta página*), ahora hogares de un grupo de artistas, demuestran que los satisfactorios efectos del detalle se pueden observar en cualquier parte de una casa o apartamento. Una mesa baja está perfectamente en linea con la ventana principal de una sala de estar; las cacerolas y sartenes colocadas sobre la superficie de trabajo de una cocina parecen estar en el sitio exacto; un lugar de trabajo y estudio adquieren calidad de composición a partir del equipo práctico.

En otra parte de este apartamento de Argenteuil (*pág. 315*), la sensación de una instalación muy premeditada todavía prevalece, a pesar de que el efecto general de dureza es mitigado por las formas sencillas de una silla africana, subrayando la naturaleza transfronteriza de todo el conjunto: industrial, doméstica y étnica.

MÁS INFORMACIÓN					
MUEBLES SIGLO XX	90	96	110	300	313 314
SUELOS DE HORMIGÓN	130	226	227	310	
LOFTS	99	142	310	311	314
RELOJES DE PARED	223	224	308		
MUEBLES DE ÁFRICA	101	295	313	351	
COCINAS COMPACTAS	132	133	139	363	
VENTANAS INDUSTRIALES	88	92	268	311	
ESCALERAS DE METAL	75	331	332		

ESTILOS DE VIDA / CAPÍTULO CUATRO

VISIÓN DETALLISTA

Últimos retoques

ESPACIOS DE TRANSICIÓN
LOS DETALLES ARQUITECTÓNICOS
TEXTURA, DISEÑO Y COLOR
ADORNOS Y EXPOSICIÓN

«LA CLAVE ESTÁ EN LOS DETALLES» es una máxima que contiene más verdad en la decoración de interiores que en ningún otro ámbito de la vida humana. Los últimos retoques pueden hacer que la imagen general sea más convincente. Los ejemplos de las páginas siguientes prueban que esos retoques son muchos y que pueden no ser obvios. Sería fácil concluir, por ejemplo, que la efectividad de un esquema decorativo podría aumentarse con sólo añadir objetos elegidos, cuadros y adornos generales, dispuestos como complementos del mobiliario y demás elementos decorativos frente a un fondo apropiado compuesto por paredes, techos y suelos.

Pero existen muchos factores a tener en cuenta: el tratamiento de los espacios de transición, por ejemplo, esos lugares un poco difíciles, como los vestíbulos, rellanos, escaleras, entresuelos, incluso los huecos de las puertas, que demandan una atención especial del diseñador, ya que no son necesariamente susceptibles de las grandes atenciones decorativas propias de un salón. Algunos elementos de la instalación también pueden actuar como focos de interés dentro de una habitación: la chimenea es un caso obvio, pero también podría sustituirse por la estufa o la televisión en otras culturas. Además deben recordarse esas alteraciones de las cuatro esquinas básicas de una habitación –hornacinas, huecos, arcos, portales– que se pueden enfatizar y convertir en lugares especiales con un poco de pintura y un diseño. Aquí se pueden añadir texturas y colores en la lista de demandas a la atención del decorador; las paredes y techos, obviamente, pero también otras superficies decoradas, dictan el carácter y las sensaciones que produce cualquier interior. También están los detalles reales, recuerdos, colecciones y posesiones personales, aisladas o en vitrinas, que son la extensión última de ese ánimo orgulloso por crear un entorno que refleje con éxito nuestra forma de ser y en que nos sintamos verdaderamente cómodos. La decoración no siempre se limita a las cuatro paredes de una casa, sino que es igual de importante en patios, terrazas y porches, así como en el jardín.

Debido a la complejidad de sus formas, la escalera ofrece la única oportunidad de dramatización decorativa. Si es solemne, debería ser tratada como tal, y decorarla con cuadros, alfombras y tapices que complementen los enormes pasamanos y postes esculpidos. Mientras que en el mundo moderno nadie esperaría los efectos rebuscados de las escaleras esplendorosas de estilo rococó del Palazzo Biscari de Sicilia, éstas deberían tomarse en serio y no ser consideradas simplemente una forma de ir de una planta a otra. Muchas de las ilustradas en estas páginas, adquieren sus características decorativas por la acertada elección de la pintura, la forma del pasamanos o incluso, la total ausencia del mismo. Esto es particularmente importante en escaleras que descienden directamente a la sala de estar, donde deben acomodarse como elemento dominante.

Como áreas en las que exponer los cuadros y adornos de pared, las paredes del hueco de la escalera suelen ofrecer superficies mayores de las que dispone la entrada principal. Esta característica se ha aprovechado en varios de los ejemplos siguientes, ya sea utilizando la altura de la pared para colocar obras de arte de gran tamaño o para situar grupos de pequeños

PARÍS

elementos, como cuadros pequeños, trofeos u otros objetos. Incluso si la escalera es estrecha y carece de luz natural, puede ser un componente importante de la casa y la aplicación de tonos brillantes y luminosos ayuda a que este espacio sea más agradable que si estuviera oscuro y descuidado.

Las escaleras son uno de los elementos arquitectónicos obvios para acceder y moverse dentro de una casa; pero hay otras formas importantes de relacionar los espacios entre sí que reclaman la atención del decorador. Los pasillos son ejemplos evidentes en los que el entusiasmo visual y los motivos decorativos de otras habitaciones pueden extenderse o hallar un contraste. No olvidemos las miradas fugaces a través de las puertas abiertas de las habitaciones y espacios, recordando que la viñeta –el ambiente compuesto por los muebles y la decoración de las paredes– enmarcada por la puerta sea agradable a la vista y otra fuente de regocijo a medida que andamos por la casa.

Hace tiempo que las chimeneas han dejado de ser una forma práctica de calentar una casa, pero casi nadie negará que la visión de las llamas aún despierta un sentimiento atávico de bienvenida, comodidad y seguridad. Incluso a pesar de que la utilización generalizada de la calefacción central ha supuesto la desaparición del fuego como forma cotidiana de obtener calor en nuestra vida, aún pervive como una función decorativa en muchos hogares. Los recuerdos de su pasada importancia lo convierten de forma automática en el punto de interés hacia el que se orienta la disposición de sillas y mesas. Su forma tradicional lo convierten en ideal para mostrar objetos decorativos: la repisa de la chimenea puede acomodar cualquier tipo de adornos e incluso montones de objetos; la campana de la chimenea es el lugar perfecto para colgar un cuadro importante o un gran espejo. A ambos lados de la chimenea, los huecos creados por su forma sobresaliente se pueden emplear para colgar adornos de pared o para colocar librerías o armarios. Recordemos también otros rasgos que rompen los espacios cuadriculados ya sea entrando en ellos o saliendo de ellos; esos rincones y huecos secretos donde pueden ocurrir cosas tranquilas y solitarias apartadas de las zonas principales de la habitación, o las modestas hornacinas

IRLANDA

y arcos de muchos hogares contemporáneos, todos son sujetos apropiados para aplicar diseños y colores personales.

Mientras que las paredes y techos son superficies en las que el efecto de la pintura, el papel pintado y otras formas de decoración resultan evidentes, también se pueden emplear elementos menos fijos para conseguir un efecto espectacular mediante la interacción de colores y tejidos, y la disposición imaginativa de objetos móviles. Las puertas, puntos de interés tanto en el interior como en el exterior, pueden estar talladas, pintadas para camuflarlas en el esquema decorativo general o para que contrasten con él, o dejarse sin tratar, de madera o metal, para que adquieran la pátina del tiempo. Los objetos móviles, de cualquier variedad imaginable, ofrecen infinidad de extensiones y elaboraciones a efectos de color y diseño. Objetos pequeños de colores brillantes pueden iluminar y dar vida a un ambiente monocromático: un cuenco de fruta de papel maché en la mesa de la cocina; un tapiz de diseño exótico y texturas ricas; una pared cubierta de cuadros...

PARÍS

Una única pieza del mobiliario, en especial si es grande y original, puede proporcionar todo lo que la decoración necesita en cuestión de diseño y color. En Escandinavia, por ejemplo, donde la decoración de las habitaciones suele estar caracterizada por la sobriedad y la compostura, existe una larga tradición de aplicar formas atrevidas de colores brillantes a los muebles más preciados. Un armario grande puede hacer notar su presencia por el delicado tallado y tales piezas requieren tener suficiente espacio para que los efectos de las variaciones en la superficie de la vieja madera puedan apreciarse.

Las colecciones y su exposición son quizá el refinamiento final de todos los esfuerzos hacia la creación y embellecimiento de un entorno agradable que ha formado el tema principal de este libro. Estos son los últimos retoques: armarios con cerámica; exposición en cajas de cristal; el bodegón de un armario de cocina; un arreglo votivo sobre una mesa; un grupo de grabados ordenados; moldes metálicos en la pared de una cocina. La exposición de esos objetos, tan importante para dar a cualquier interior una interpretación distintiva e individual, son los nuevos armarios de curiosidades, aquellas colecciones de las grandes casas de caballeros de los siglos XVII y XVIII, que todavía pueden servir como fuente de inspiración para el diseño contemporáneo. Algunos de los armarios ilustrados aquí son, de hecho, descendientes de esas colecciones reunidas con tanto cariño sobre seres de la naturaleza, como corales, conchas, minerales, gemas, plantas... y de los recuerdos de viajes y compras, como antigüedades, relojes, abanicos, cajas, autómatas y miniaturas... que deleitaron y entretuvieron al hombre de curiosidad insaciable hace tres siglos. A pesar de que estos objetos producen un gran efecto cuando se muestran en grupo, por ejemplo, filas de máscaras de béisbol en la pared de una habitación, si se colocan aislados, en algunas ocasiones, añaden el detalle final y decisivo a una mesa, la jamba de una ventana, la repisa de una chimenea. Otras veces, el punto final se consigue

PARÍS

por la idoneidad de una práctica: el tirador de una puerta, una toalla doblada.

Los arreglos florales agradan a la vista de inmediato: el color, la forma, la textura y una sensación sobrecogedora de frescor y renovación; no es sorprendente, por este motivo, que las guirnaldas, ramos de flores y formas de hojas inspiren con tanta frecuencia el diseño de tejidos y la decoración de papeles pintados. En su estado natural, incluso dentro de los límites ordenados de un jardín, las flores son un estallido de alegre exuberancia que completa la construcción y decoración del lugar que llamamos hogar.

VISIÓN DETALLISTA

NÁPOLES

NÁPOLES

SICILIA

SICILIA

MAURICIO

SALZBURGO

ESPACIOS DE TRANSICIÓN

Las escaleras, rellanos, pasillos, pasajes, entresuelos; éstos son los espacios de transición que hay en una casa. En su dificultad relativa es donde el decorador puede encontrar un gran reto. Las escaleras, en particular, se apoderan de la imaginación; si son anchas, amplias y monumentales, representan una oportunidad maravillosa para los gestos grandiosos (*estas páginas*), que pueden conseguirse utilizando cuadros o trofeos, o mediante pasamanos y postes esculpidos o tallados.

NÁPOLES

MÁS INFORMACIÓN

ESCALERAS	97	232	234	254	281
	314	326	328	330	332
PALAZZI ITALIANOS	44	182	184	186	

VISIÓN DETALLISTA | *ESPACIOS DE TRANSICIÓN*

Una escalera, si es ligera y abierta, puede transmitir una maravillosa sensación de amplitud al mismo corazón de un edificio. Estos dos ejemplos, muy distintos entre sí, consiguen exactamente eso. El enrejado del pasamanos pintado de la escalera del Museo de Bellas Artes de Saigón permite que la luz fluya por el hueco de la escalera (*izquierda*). En el palacio rococó de Biscari en Catania, Sicilia, la escalera que conduce a la galería de la orquesta (*página opuesta*) ha transformado este estrecho pasillo que separa el Salone da Ballo de las ventanas de la fachada en un detalle arquitectónicamente decorativo destacado. Su techo abovedado está decorado con frescos de Lo Monaco, mientras que los exquisitos estucos del techo y de la propia escalera muestran la influencia de la decoración *rocaille* francesa.

MÁS INFORMACIÓN				
ESTUCO	182	187		
ESCALERAS DECORADAS	187	323		
VESTÍBULOS	281	327	335	355
PASAMANOS	83	98	108	158	328
PALAZZO BISCARI	186			

VISIÓN DETALLISTA | *ESPACIOS DE TRANSICIÓN*

En entornos domésticos menos lujosos, las escaleras que conducen directamente hasta la sala de estar deben ser tratadas con cuidado para evitar que se conviertan en un elemento molesto dentro de un esquema decorativo equilibrado. En estos dos ejemplos, uno en Devon, Inglaterra (*superior izquierda*) y otro en Quebec (*superior derecha*), se integran discretamente en la entrada.

Estas dos escaleras tiene la virtud de convertir los espacios que ocupan en lugares de diseño adicional e interés arquitectónico. Ambos son elementos decorativos por derecho propio. Una, en una casa antigua de Mallorca (*superior izquierda*), otorga una sensación de escala escultural a una habitación de techo bajo. En una casa de Provenza del siglo XVII (*superior derecha*), la escalera principal añade una nota de esplendor a un vestíbulo sencillo.

VISIÓN DETALLISTA | *ESPACIOS DE TRANSICIÓN*

LONDRES

BRUSELAS

PROVENZA

ROMA

NUEVA YORK

LONDRES

Las escaleras pueden influir en la atmósfera o la sensación de un lugar con su forma (*estas páginas*). Las escaleras rectas se extienden con confianza hacia los espacios a los que conducen. Las escaleras curvas y las que desaparecen de la vista para luego reaparecer, propician una atmósfera de misterio o incluso de algo siniestro. Este ejemplo, construido como parte de un decorado en el estudio Cinecittà de Roma, tiene el aspecto de una pesadilla visionaria de Carceri de Piranesi o «Cárceles» (*superior derecha*).

ROMA

NÁPOLES

MÁS INFORMACIÓN

ESCALERAS	97	232	234	254	281
	314	322	326	330	332
DECORACIÓN MONOCROMA	38	44	95	126	308
PASAMANOS	83	98	108	158	324
COLUMNAS DE HIERRO	108	110	130	310	331
MESAS MORISCAS	129				
BIOMBOS PLEGABLES	88	339			

VISIÓN DETALLISTA | *ESPACIOS DE TRANSICIÓN*

TOSCANA

GRENOBLE

PROVENZA

CHILOÉ

PARÍS

NUEVA YORK

PARÍS

IRLANDA

PROVENZA

BUDAPEST

NÁPOLES

BORGOÑA

Todas las escaleras ilustradas aquí (*página opuesta*) han sido convertidas a elementos arquitectónicos centrales de casas desde las más modestas a las más lujosas. Todas ellas, sin embargo, tienen la ventaja de ser formas interesantes por sí solas, retorciéndose y abriendo un camino desde un piso a otro. Y muchas de ellas han sido utilizadas por sus propietarios como áreas adicionales de exposición de cuadros u otros objetos.

De un orden completamente distinto es la escalera que se erige con fuerza en la sala de estar, como en el ejemplo de esta casa belga (*derecha*). A pesar de su posición central, la escalera es casi una parte del esquema general de las cosas, que se beneficia de la altura y extensión de la habitación.

MÁS INFORMACIÓN					
ESCALERAS	97	232	234	254	281
	314	322	326	328	332
CASAS DE IRLANDA	221	284	336	341	456
BALAUSTRADAS	68	148	166	195	203
SILLAS DE METAL	111	130	266	308	406
ESCALERAS DE METAL	75	316	332		

VISIÓN DETALLISTA | *ESPACIOS DE TRANSICIÓN*

Un excelente ejemplo de utilización de la escalera y rellanos como áreas de exposición es esta escalera de metal moderna de una fábrica de queso reformada en Milán (*izquierda*). Las generosas dimensiones de todo el hueco de la escalera, realzado por los peldaños suspendidos formados por delgadas tiras de acero, lo convierten en el lugar ideal para colocar muebles y exponer adornos.

Menos útiles como galería de exposición son las sencillas escaleras ilustradas aquí (*página opuesta*). Obsérvese, sin embargo, que todas consiguen parecer atractivas, principalmente porque los colores de las paredes transforman un espacio de transición oscuro y estrecho en un lugar de luz e ingenio, aunque todas presentan una solución diferente al hecho de subir las escaleras.

MÁS INFORMACIÓN

ESCALERAS	97	232	234	254	281
	314	322	326	328	330
CASA DE DEVON	102	326			
ESPACIOS DE TRANSICIÓN	131	132	314	336	
SUELOS ADOQUINADOS	120	327	285	458	
ESCALERAS DE METAL	75	316	331		

CHILE

PROVENZA

SICILIA

PARÍS

PARÍS

LONDRES

DEVON

CHILE

GRANADA

PROVENZA

ESTOCOLMO

CHILE

VISIÓN DETALLISTA | *ESPACIOS DE TRANSICIÓN*

Solemos olvidar que es la transición de una habitación a otra, del interior al exterior, lo que crea el escenario visual de cualquier hogar. Es vital para los esquemas decorativos que una puerta entornada o totalmente abierta revele un escenario tentador detrás. Una puerta dejada sin terminar a propósito de una granja de Cévennes conduce la mirada a otro interior y a una ventana al mundo exterior (*superior izquierda*). Los colores vivos del mobiliario tapizado de este apartamento de París (*superior derecha*) destacan claramente y continúan en la siguiente habitación.

Las puertas abiertas de un castillo de Borgoña (*superior izquierda*) revelan una sucesión de intrincados paneles que forman un conjunto visual cuando se observan en el marco de la puerta. Inspirado aparentemente en los colores de la Commedia dell'Arte, los pasillos de este apartamento de París (*superior derecha*) son elementos decorativos por derecho propio.

Al dorso
Observando algo más allá: en todos estos ejemplos que pueden encontrarse alrededor del mundo, el ojo del fotógrafo ha destacado la promesa del espacio siguiente, la próxima habitación, en viñetas enmarcadas por las jambas y dinteles de las puertas.

VISIÓN DETALLISTA | *ESPACIOS DE TRANSICIÓN*

IBIZA

ISLA DE RÉ

PARÍS

PROVENZA

PARÍS

IRLANDA

IRLANDA

UMBRIA

UMBRIA

IRLANDA

UMBRIA

NÁPOLES

VERSALLES

PARÍS

PARÍS

PARÍS

ESTOCOLMO

BUENOS AIRES

PARÍS

BALI

GOA

PROVENZA

BRUSELAS

ROMA

VISIÓN DETALLISTA

LOS DETALLES ARQUITECTÓNICOS

En cualquier interior existen ciertos detalles permanentes que merecen la atención especial del decorador, respecto del color, material y posición. Entre ellos se incluyen las puertas y ventanas, ese punto de interés principal, la fuente del calor. En estos ejemplos (*izquierda*), es la chimenea hacia donde se dirige toda la disposición de la habitación. Éste es el elemento arquitectónico, tanto en climas fríos como cálidos, que se elabora más cuidadosamente en lo que se refiere a la forma y la decoración adicional. Incluso los agentes inmobiliarios no pueden evitar identificar una chimenea original conservada de una propiedad como atractivo importante.

BRUSELAS

GALES

ESCOCIA

IRLANDA

MARRUECOS

CANADÁ

PARÍS

PARÍS

PARÍS

MÁS INFORMACIÓN				
CASAS DE GALES	80	222	224	234 253
CHIMENEAS	182	234	255	265 340
MECEDORAS	159	240	255	
BALDOSAS A CUADROS	345	349	445	

La repisa de la chimenea es el lugar obvio para exponer los objetos más preciados de la casa y la campana de la chimenea el sitio perfecto donde colgar una obra de arte o un gran espejo. En un apartamento de París (*superior derecha*), la clásica chimenea francesa ejerce una fuerte presencia entre el mobiliario Luis XV con el que está en completa armonía, casi como una pieza adicional.

Muy distinta es esta chimenea de una casita en Connemara, Irlanda, a pesar de que también domina claramente la modesta sala de estar (*inferior derecha*). Sus brillantes colores proporcionan a los habitantes de la casa una gama de colores muy diferente a los grises, verdes y marrones que se pueden encontrar en la campiña.

MÁS INFORMACIÓN

MUEBLES LUIS XVI	251	285	298 302
BIOMBOS PLEGABLES	88	328	
CASA DE CONNEMARA	17	336	
TABURETES COMO MESA	114	281	294

VISIÓN DETALLISTA | *LOS DETALLES ARQUITECTÓNICOS*

PARÍS

TOSCANA

NUEVA YORK

PARÍS

Todas estas chimeneas (*izquierda*), a través de su forma clásica y sobria, imponen una sensación de orden y formalidad a la habitación en que se encuentran. Son relativamente altas respecto del techo y la vista se dirige a ellas constantemente por la adición de otros elementos: un cuadro, dos jarrones, un espejo grande y objetos y fotografías colocados sobre la repisa.

MÁS INFORMACIÓN

CASAS DE LA TOSCANA	29 188 217
CHIMENEAS	182 255 264 338 340
APARTAMENTO DE NUEVA YORK	113
CUBRERREPISAS PANELADAS	305 360

340

Los suaves colores de estas chimeneas (*derecha*), en habitaciones de paredes blancas o casi blancas, hacen que en principio sean menos imponentes. Sin embargo, en todos estos casos, su forma e importancia se enfatizan por el número de objetos que las rodean. Incluso el hogar y los espacios creados al lado por los pilares laterales se han convertido en zonas donde colocar objetos decorativos.

ISLA DE RÉ

ISLA DE RÉ

PARÍS

IRLANDA

MÁS INFORMACIÓN
CASAS DE IRLANDA   221 284 330 336 456
ESPEJOS   105 106 115 131 229
HABITACIONES BLANCAS 94 100 117 294
ISLA DE RÉ   38 136

VISIÓN DETALLISTA | LOS DETALLES ARQUITECTÓNICOS

Parte de la importancia de la chimenea abierta, al menos cuando se utiliza habitualmente, se debe a la visión de las llamas. En los países en los que es tradicional la estufa cerrada para calentar la casa, en especial en Escandinavia, las estufas se convirtieron en parte de la habitación por derecho propio (*estas páginas*). Se diseñaban con formas que reflejaran las preocupaciones estilísticas de la época y solían revestirse de cerámica vidriada decorativa. Su altura también las hacía dominar sobre cualquier habitación, a pesar de que era costumbre colocarlas en una esquina antes que delante de una campana central.

BUDAPEST

ESTOCOLMO

ESTOCOLMO

ESTOCOLMO

ESTOCOLMO

ESTOCOLMO

VISIÓN DETALLISTA | *LOS DETALLES ARQUITECTÓNICOS*

MARRUECOS

MARRUECOS

VERSALLES

NEPAL

En un capítulo anterior vimos la importancia que puede tener una puerta de entrada en la arquitectura externa general de un edificio, un punto de interés que puede ser decorado y embellecido primorosamente. De la misma forma, las puertas interiores, huecos, arcos y hornacinas, cualquier elemento arquitectónico original que se añada al encanto y complejidad del interior, pueden convertirse en objeto de efectos decorativos especiales o de muestras de objetos y muebles (*estas páginas*). Las puertas pueden estar pintadas o talladas; sus contornos se pueden decorar con colores o relieves de yeso; los huecos y hornacinas se pueden llenar con jarrones, cestas y libros; se pueden destacar distintos niveles de la pared creados por pilares y arcos mediante tratamientos de pintura especiales; y las piezas de mobiliario y estatuas pueden adquirir mayor prominencia colocándolas en un hueco o bajo una parte abovedada del techo.

MÁS INFORMACIÓN

ARCOS	70	71	370	371
CASAS MORISCAS	107	126	389	390
CASA DE VERSALLES	143	306	337	
TRAMPANTOJO	203	209	210	342	355
SOFÁS	49	298	302	347
BALDOSAS A CUADROS	338	349	445	
HUECOS DE LA ESCALERA	70	71	336	352
HORNACINAS	15	65	84	

ESTOCOLMO

ESTOCOLMO

ROMA

AMALFI

MARRUECOS

ROMA

VISIÓN DETALLISTA

TEXTURA, DISEÑO Y COLOR

El impulso por decorar y mejorar nuestro entorno inmediato es común en muchas culturas, y comprende tanto los ambientes lujosos como los humildes. Estos ejemplos de decoración suntuosa en las paredes son extremadamente lujosos a pesar de que existen diferencias en la intención y propósito. Los propietarios de Louhisaari, una casa del renacimiento báltico, al norte de Turku en Finlandia, se inspiraron originalmente en el estilo de los grandes palacios del barroco italiano y decoraron el interior de sus mansiones de austeras fachadas con elaboradas telas y tapices (*izquierda*). Las sencillas vigas se magnificaron tallándolas y pintándolas, otra característica de un interior que no refleja su exterior.

Totalmente italianas, sin necesidad de buscar inspiración en el extranjero, son las grandes habitaciones del palacio de verano de la familia Chigi en Ariccia. En la gran sala de recepciones, los grandes paneles de cuero Cordobán, repujado y coloreado, dan a las paredes un aire suntuoso que amenaza a veces con anular los cuadros y muebles (*página opuesta*).

MÁS INFORMACIÓN				
PALACIO CHIGI	45	192	201	203 293
SILLAS DE COMEDOR	175	378	408	414
RENACIMIENTO BÁLTICO	208	209	210	211
BARROCO ITALIANO	184			

VISIÓN DETALLISTA | *TEXTURA, DISEÑO Y COLOR*

Mucho más que sus sucesores, incluso que los profesionales del rococó, los decoradores de las casas señoriales del renacimiento y el barroco consideraban la pared interior como una superficie que debía decorarse y embellecerse con todos los medios posibles. Esculpidas, pintadas y doradas, las habitaciones del gran castillo francés de la primera parte del siglo XVII apenas necesitaban muebles para completar sus esquemas decorativos.

El panelado de tan espléndidas habitaciones era generalmente de dos tipos: *de hauteur*, que trataba toda la pared como una superficie decorativa unificada y el *d'appui*, en el que las paredes se dividían en dos niveles distintos, algunas veces mediante cornisas o huecos. En una de las grandes habitaciones del castillo de Cormatin en Borgoña (*superior izquierda*), la diferenciación entre la parte superior e inferior de la pared es asombrosa, pero se realiza de forma satisfactoria por la magnificencia de la decoración pintada y dorada. Igual de elaborada a su propia manera es esta habitación panelada de Salzburgo, que consigue su efecto a través de tallados ornamentales y la pátina y textura de la madera antes que mediante el color (*inferior izquierda*).

MÁS INFORMACIÓN					
PUERTAS	54	70	71	352	353
CARPINTERÍA DECORATIVA	70	71	335	351	354	356
CASAS DE AUSTRIA	54	204			

Construido durante la primera década del siglo XVII, y más tarde asociado al círculo literario de Madame de Sévigné y su primo Roger de Bussy-Rabutin, el castillo de Cormatin es una de las joyas del reinado de Luis XIII (*superior derecha*). Las paredes de las grandes habitaciones combinan maderas talladas meticulosamente con pinturas de calidad excepcional, que incluyen paisajes y sujetos arquitectónicos. Las vigas se dejan expuestas y se pintan. Las paredes que no están decoradas se cubren con tapices. Pero el mobiliario parece extrañamente superfluo (*inferior derecha*).

MÁS INFORMACIÓN
PAREDES PANELADAS   216   255   304   335

VISIÓN DETALLISTA | *TEXTURA, DISEÑO Y COLOR*

Los objetos, muebles y detalles arquitectónicos siempre derivan algo de su presencia y efectividad de la textura y el color de las paredes frente a las que se sitúan. La extravagancia pura de este conjunto (*superior izquierda*), una lámpara improvisada en equilibrio que descansa sobre un taburete, no se ve anulada por el rugoso monocromo de la pared. Las líneas, dondequiera que se apliquen, suelen sugerir sencillez y orden. Aquí, su sinuoso trazado neurótico (*superior derecha*) transmite una intención decorativa premeditada, en especial si se observa en combinación con un pesado marco dorado y una «silla».

Este conjunto posee una inmensa dignidad (*superior izquierda*). La silla rústica más rudimentaria puede ser, en algunas ocasiones, una fuerte presencia escultórica. Y, claramente, en este sencillo interior, alguien se ha tomado la molestia de evaluar cuidadosamente el efecto del diseño aplicado.

Los tapices de la pared son una forma directa de introducir color, texturas y diseños en interiores que, de otro modo, serían monocromos (*superior derecha*). Las alfombras, kilims, bolsas, tejidos de varios tipos, son portadores efectivos de la historia y la cultura.

VISIÓN DETALLISTA | *TEXTURA, DISEÑO Y COLOR*

La importancia de las puertas, exteriores e interiores, ya se ha ilustrado exhaustivamente en los capítulos anteriores. Como puntos de interés, reciben buena parte de la atención del decorador en casi todos los países y culturas. Algunas veces, un motivo central es el mecanismo que fija la importancia de la puerta.

Esta antigua puerta marroquí es de madera tallada con la forma de una rosa, sobre otros paneles policromos (*superior izquierda*). De forma similar, un panel de hierro forjado a la altura de la cabeza es el principal elemento decorativo de esta puerta de estilo Art Déco de Budapest (*superior derecha*).

La decoración y creación de efectos agradables en el hogar nos afecta a todos, ricos y humildes. Esta puerta, sencilla en su elaboración, que ahora se conserva en una de las casas de Skansen, Estocolmo, sin duda ha inspirado claramente a alguien a realizar un esfuerzo decorativo, para extender el efecto del veteado de gran tamaño de las paredes y para añadir un marco sin moldura (*superior izquierda*). En contraste, la sobrecogedora presencia de una puerta (*superior derecha*) en la casa solariega de Plas Newydd, Gales, no deja duda alguna sobre la importancia conferida a esta entrada por los constructores del edificio.

Al dorso
En la época actual, los techos parecen haberse convertido en un territorio neutral de la decoración. Desde la era victoriana, no ha atraído la atención de decoradores ni pintores de forma significativa. Estos ejemplos, muestran la efectividad de este recurso.

VISIÓN DETALLISTA | *TEXTURA, DISEÑO Y COLOR*

UMBRIA

UMBRIA

ROMA

UMBRIA

KENIA

MARRUECOS

MANILA

MÉXICO

SICILIA

MANILA

ROMA

FLORIDA

VISIÓN DETALLISTA | *TEXTURA, DISEÑO Y COLOR*

ROMA

BORGOÑA

SUECIA

PROVENZA

KENIA

GUATEMALA

NÁPOLES

BALI

PARÍS

CANADÁ

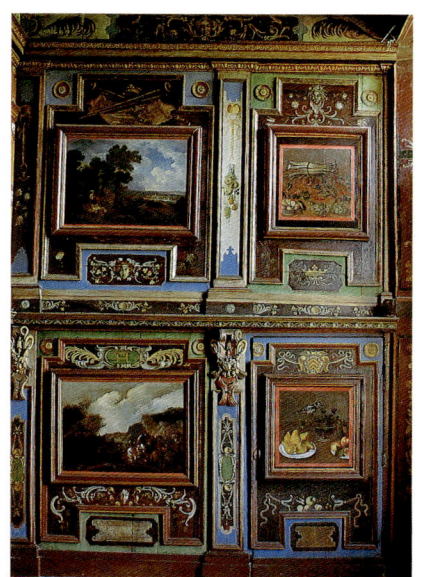
BORGOÑA

MANILA

NÁPOLES

UMBRIA

LUXOR

EL CAIRO

MARRUECOS

COMOROS

MARSELLA

SUSSEX

COPENHAGUE

SANTIAGO

GUATEMALA

GUATEMALA

VISIÓN DETALLISTA | *TEXTURA, DISEÑO Y COLOR*

CANADÁ

SUECIA

FINLANDIA

MALLORCA

SUSSEX

BANGKOK

MAURICIO

SUECIA

SALZBURGO

Páginas anteriores
Existen muchas formas de aprovechar el color y la textura para crear efectos decorativos. La atención a las nimiedades de la decoración interior es una de ellas: yuxtaposiciones de pequeños objetos, de cuadros, de muebles, incluso de alimentos, reales e imitaciones. Y la inspiración para tales «viñetas» se puede encontrar en nuestros viajes o en otras partes de la casa.

Lo que se puede aplicar a los elementos de la instalación de la casa como el color y los diseños, también tiene una función clara en el embellecimiento de los objetos móviles. Muebles individuales pintados o tallados, especialmente los armarios y aparadores, disfrutan de una larga y honrosa tradición en muchas culturas (*izquierda*). En todos los casos, estas piezas tan poderosas necesitan ser colocadas cuidadosamente respecto del color de fondo y la luz para conseguir su efecto pleno. Algunas veces es más efectivo permitir que los colores y texturas reafirmen su presencia a través de objetos expuestos en el mueble, como esta seductora colección de conchas de un pequeño museo de Mauricio (*página opuesta*).

MÁS INFORMACIÓN				
VITRINAS DE EXPOSICIÓN	158	290	321	360
APARADORES PINTADOS	188	219	236	356
COLECCIONES	253	265	268	298 302
	307	321	357	361 362
ARCONES DE CAJONES	162	193	263	271 361
SUELOS CON DIBUJOS	196	345	393	414

VISIÓN DETALLISTA

MASSACHUSETTS

NUEVA YORK

FRANCIA

KENIA

FRANCIA

FRANCIA

FRANCIA

MANILA

FRANCIA

NÁPOLES

FRANCIA

NUEVA YORK

ADORNOS Y EXPOSICIÓN

El ánimo coleccionista puede adoptar muchas formas y dirigirse en incontables direcciones, pero tiene sin duda una gran fuerza. Los miembros de la pequeña nobleza intelectual europea que en el siglo XVII llenaban sus vitrinas de curiosidades con los especímenes más diversos, o los aristócratas ingleses que reunían sus colecciones de antigüedades clásicas y pinturas renacentistas durante el Gran Tour, probablemente tenían algo en común con el espíritu de adquisición contemporáneo, más modesto y menos elitista. El espíritu coleccionista va unido, normalmente, aunque no siempre, al ánimo de exponer. La exposición supone una amplia gama de efectos decorativos interesantes: vitrinas con puertas de cristal llenas a rebosar de pequeños objetos personales o de figuritas de cerámica cuidadosamente ordenadas; mesas cubiertas con formas y materiales de grandes contrastes; paredes que cobran vida mediante cuadros, dibujos o pesados tapices. Cada uno a su manera, los escenarios ilustrados aquí (*página opuesta* y *derecha*) son, en efecto, «vitrinas de curiosidades».

MÁS INFORMACIÓN

VITRINAS DE EXPOSICIÓN	158	290	321	358	
ARREGLOS DE PARED	11	147	186	218	221
CONSOLAS	144	187	212	229	282
EXPOSICIONES DE CERÁMICA	54	220	236	238	320
COLECCIONES	253	265	268	298	302
	307	321	357	359	
ARCONES DE CAJONES	162	193	263	271	358
CERÁMICA DECORATIVA	139	291	363		
CUBREREPISAS PANELADAS	305	340			
VIÑETAS	258	302	308	332	
GRUPOS DE IMÁGENES	11	147	200	226	251
	265	298	307	337	349

PARÍS

PROVENZA

PARÍS

GALES

CHILE

FLORIDA

PARÍS

PARÍS

PARÍS

VISIÓN DETALLISTA | *ADORNOS Y EXPOSICIÓN*

IBIZA

IBIZA

ESTOCOLMO

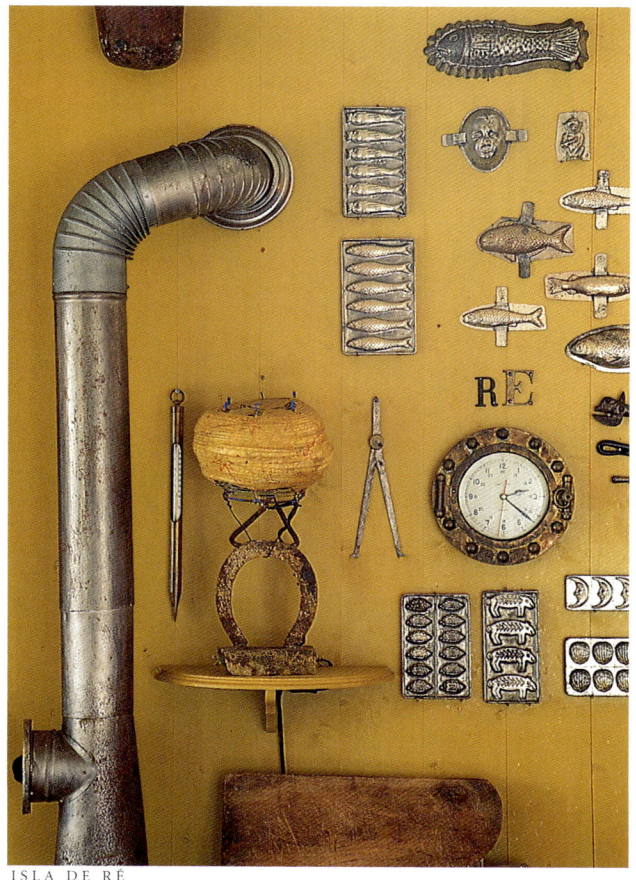
ISLA DE RÉ

La exposición de objetos, como forma de crear entornos agradables, no debería quedar confinada al salón. La cocina, el dormitorio, las escaleras y los rellanos tienen derecho a reclamar este aspecto del arte de crear hogares. Las cocinas, al estar normalmente llenas de formas interesantes y objetos curiosos, presentan una maravillosa oportunidad para exposiciones, y normalmente son mucho más interesantes cuando tienen en cuenta el color y la forma (*izquierda*). Las vajillas –si son atractivas por su forma y diseño– quedan perfectas en estanterías abiertas. Otros tipos de utensilios, incluidos cuencos, bandejas de madera, utensilios de la época anterior al plástico, pueden adornar las superficies de trabajo o las estanterías del aparador. Unos humildes moldes de metal pueden ser arreglos de pared fascinantes.

MÁS INFORMACIÓN

ILUMINACIÓN DE COCINAS	109	291	308 311
CASA DE ESTOCOLMO	269	444	

En torno a la cocina, hay siempre ciertas zonas que reciben una atención especial. El aparador, o las estanterías y la superficie que hagan la función de aparador, combinan en nuestros días los utensilios normales de la cocina y otros elementos decorativos más convencionales (*superior derecha* y *esquina superior derecha*). Pero incluso los detalles utilitarios más obvios, como el fregadero, realizan una contribución mucho más positiva al diseño general si lo que les rodea está ordenado por forma y color (*inferior derecha* y *esquina inferior derecha*).

MARRUECOS

IRLANDA

MASSACHUSETTS

FRANCIA

MÁS INFORMACIÓN
PÁJAROS 105 203 270 295 321 333
GRANJA DE
MASSACHUSETTS 82 224 225

VISIÓN DETALLISTA | *ADORNOS Y EXPOSICIÓN*

BRASIL

PARÍS

IRLANDA

BÉLGICA

CÓRCEGA

PARÍS

PARÍS

KENIA

BÉLGICA

KENIA

SUMBAWA

PROVENZA

Algunas veces es un detalle revelador el punto decorativo más fuerte en una habitación. Todos los objetos ilustrados aquí (*página opuesta*) son intrigantes por su forma y genio inventivo, a pesar de que ninguno de ellos impresiona necesariamente por ser una obra de arte o un objeto de valor. Sin duda, muchos objetos bastante humildes pueden contribuir positivamente al interés visual mediante la cuidadosa colocación o yuxtaposición. El arreglo de la pared de este dormitorio de Nueva York (*derecha*) está compuesto por máscaras de béisbol antiguas, un tema que se extiende en la cama y la mesilla, que están hechas en parte con bates y bolas de béisbol.

MÁS INFORMACIÓN
LÁMPARAS	134 247 260 303
DORMITORIOS DE NUEVA YORK	362
ARREGLOS DE PARED	131 134 199 252 351
CANDELABROS	159 180 332 360

VISIÓN DETALLISTA | *ADORNOS Y EXPOSICIÓN*

Los arreglos decorativos más directos y llenos de color son, sin duda, las flores, que llenan de colores y aromas del jardín el interior y el exterior (*superior izquierda* y *superior derecha*), o que inspiran una cornucopia llena de alegría en un mural (*página opuesta*). Alrededor de la casa, pueden transmitir vitalidad a cualquier rincón de la habitación más insulsa; fuera, son la vida de nuestros recintos privados, patios o jardines tapiados (*al dorso*), cuyas puertas nos conducen a la vibrante vida de las calles (*págs. 370-371*).

VISIÓN DETALLISTA | *ADORNOS Y EXPOSICIÓN*

TAILANDIA

BALI

SHANGAI

MARRUECOS

CUBA

ROCHEFORT

SHANGAI

ROMA

POMPEYA

SICILIA

CHILE

GOA

ESTILOS DE VIDA / CAPITULO CINCO

SIMPLEMENTE VIVIR

Fuera del hogar

ALREDEDOR DE LA CASA

EN LA CALLE

EL MERCADO

CELEBRACIONES

LA BÚSQUEDA DE UN ESTILO DE VIDA SATISFACTORIO, expresada en la disposición de los interiores para asegurarnos calor y cobijo, confort y, en última instancia, satisfacción estética, es una poderosa fuerza. Sin embargo, también pertenecemos a un mundo más amplio, local, regional, nacional y, por último, internacional. En las páginas de este libro hemos observado estilos y expresiones del gusto de muy distintas partes del mundo; hemos visto muchas diferencias, pero también hemos descubierto un número increíble de similitudes y conexiones, que amplían la utilidad de este libro como un compendio de posibilidades.

De este modo, la riqueza del mobiliario oriental puede resultar sorprendentemente decorativa en un interior occidental moderno completamente blanco; una silla africana tiene un efecto humanizador en un conjunto de muebles metálicos industriales. Empezamos a habitar este mundo de múltiples elecciones tan pronto como salimos de los confines de nuestro contexto doméstico inmediato, primero a los aledaños de nuestro hogar y luego a las calles y mercados que hay más allá, cuyos detalles, vitalidad, colores y formas son nuevas fuentes de inspiración y nuevas brisas visuales.

Pero antes nos imponemos en las zonas inmediatas a nuestro hogar, amplias y abiertas en climas cálidos, o reducidas y cerradas, por ejemplo, en una terraza de una ciudad del norte. En ambos casos, estos espacios pueden ser una verdadera extensión adjunta a las habitaciones. Los muebles y adornos, demasiado grandes o pesados para el interior, pueden ser apropiados para el exterior. Incluso una modesta terraza se puede convertir en una habitación al aire libre con sólo añadir un par de plantas con tiestos bonitos, una mesa y cuatro sillas. La elección de los muebles en esos espacios debe ser reflexiva y atenta; algunas piezas, demasiado finas y elaboradas, podrían ser un nota estridente. Las formas y materiales sencillos –mimbre, juncos y maderas duras sin pulir– suelen ser más apropiados. Aquí es donde se puede cenar al aire libre, si están convenientemente cerca de la cocina, pero también abiertos al jardín o incluso inclinados sobre un paisaje urbano. En especial, las terrazas de la ciudad pueden evocar ese sentimiento completamente satisfactorio de ser un pequeño rincón de paz y tranquilidad alejado de los ruidos del tráfico y la sobrecogedora presencia de los edificios de hormigón.

Una vez más, una ventaja especial durante los meses cálidos es el jardín trasero. Estructurado de una forma menos arquitectónica que los porches o terrazas de otros tiempos, permite cenar al aire libre o simplemente relajarse con la ayuda de unas cuantas sillas y quizá de un toldo instalado para el caso.

MARRAKESH

Estos espacios son claramente un intento de imitación de los jardines formales o tapiados, a pesar de que comparten la cualidad esencial de ser lugares de transición. En el mundo islámico y, en gran medida, también en el Mediterráneo, los patios suelen ser una parte de la estructura doméstica; gracias a la sombra que dan las arcadas, las habitaciones interiores se conectan a la perfección con las plantas de fragantes aromas de la zona central y, según la tradición, con el relajante sonido del agua que fluye suavemente. Pocos de nosotros tenemos la suerte de disfrutar de un jardín de estas características, pero los ilustrados aquí nos dan todas las razones para reflexionar sobre cómo podemos hacer uso de los espacios exteriores reducidos para disponer de plantas y grandes piezas de cerámica, incluso de esculturas.

Los complejos de viviendas parecen despertar un recuerdo lejano en todas las culturas: ¿podría ser el recuerdo de grupos que se unen en un círculo defensivo para garantizar el calor y la seguridad? En efecto, el patio típico de la arquitectura de Bali, una expresión práctica de vidas que están en movimiento constante entre el interior y el exterior, ha demostrado ser una de las exportaciones culturales más duraderas de la isla, llegando a influir en el diseño y la arquitectura de todo el sudeste asiático y de la región del Pacífico. Una vez más, los espacios abiertos que rodean la casa permiten la disposición arquitectónica de grandes tiestos de plantas e incluso de iconos culturales y religiosos e inevitablemente de algunos detalles arquitectónicos relacionados con el agua. Sin embargo, en algunas ocasiones, nuestra ingenuidad decorativa de relacionar nuestros hogares con la tierra que los rodea no necesita extenderse más allá de la sencilla disposición de la mesa y las sillas en un lugar agradable y reservado, y de la preparación de una extensión atractiva llena de color. Incluso lo improvisado, requiere una atención consciente al detalle –quizá en la elección del mantel o la vajilla– para que se ponga en práctica todo el potencial de la situación.

Y así pasamos al compromiso con el conjunto de la comunidad. Detrás de nuestras paredes y jardines están las calles y plazas, los edificios, que definen el carácter

CHILE

arquitectónico y físico del lugar donde vivimos, a menos, claro está, que hayamos elegido el aislamiento del campo como nuestra forma de vida. Para la mayoría de nosotros, sin embargo, como habitantes de la ciudad, las tiendas, bares y restaurantes son los principales lugares en los que experimentamos el mundo, donde somos parte de una red de estilos de vida humanos más amplia, de relaciones, esfuerzos y culturas. En el mundo occidental, el bar o pub es una institución universal, que sirve como lugar de refugio y camaradería a quienes son sociables o están solos. En otras culturas, la casa de té puede servir al mismo propósito, y sin duda la visión de un grupo de hombres que hablan acaloradamente con un vaso de té verde ante ellos en una ciudad islámica viene de inmediato a la mente.

Los parientes más formales del bar, los restaurantes, son tan variados como las culturas a las que pertenecen y están igualmente llenos de inspiración; sin embargo, se pueden exportar: restaurantes chinos en Letonia, griegos

TÚNEZ

en Melbourne... Pero en lo que se refiere a la auténtica vida vibrante de la calle, hay pocas oportunidades mejores de disfrutarla que comer y conversar en un restaurante o en una cafetería que sean la expresión directa del tejido cultural circundante. No hay ningún lugar, excepto en el sudeste de Asia, en el que un puesto de venta ambulante o una casa de té china parezcan totalmente convincentes; y qué natural parece comer con los pies balanceándose sobre las aguas de un río que fluye bajo las mesas en un popular restaurante al aire libre de Manila.

Los buenos restaurantes de todo el mundo utilizan en sus platos los productos que pueden conseguir frescos en la zona, lo que supone una cercana relación con esa otra concentración de intercambio humano, colores, aromas y vitalidad general: el mercado. ¿Hay algún lugar más seductor que un grupo de tenderetes que soportan el peso de montones de frutas y verduras frescas llenas de color, o vibrantes por las flores de la temporada, o con las cajas llenas del pescado capturado ese día? ¡Cuánto cuidado se pone en la presentación de los productos, normalmente ordenados por los mismos productores, y qué cuidadosos y concienzudos los compradores de un verdadero mercado, tocando, oliendo, antes de decidirse finalmente a comprar! Fue Elizabeth David quien una vez afirmó que los turistas que pasan tanto tiempo en las galerías de arte, museos y catedrales deberían considerar los mercados locales como parte de la herencia cultural de los lugares que visitan.

Una excitación visual similar a la que produce el puesto de un mercado de brillantes colores es la de la tradicional tienda totalmente abierta al exterior sin escaparate, especialmente si la mercancía es de todos los colores y tamaños, y en particular, si es abundante. En estos días de compras en supermercados y grandes almacenes, las tiendas pequeñas con sus fachadas originales son un cambio agradecido. En cualquier calle, esas tiendas, amontonadas y llenas de productos, ralentizan el ritmo y empezamos a movernos más lentamente, de una forma más considerada. Algo parecido ocurre con los pequeños talleres, sobre todo, si se dedican a productos artesanales. Sabemos que no hay vuelta atrás a una visión como la de William Morris

SUMBAWA

de una utopía artesanal, pero es importante valorar los lugares en los que los esfuerzos y habilidad humanos mantienen una relación directa con la calidad del artículo acabado. Esos lugares son notas de color en un mundo cada vez más monocromo.

Al final de este capítulo aparecen algunas personas que habitan los lugares ilustrados con una abundancia y variedad extraordinarias en las páginas anteriores; están dedicados a sus tareas en la calle o el mercado, comiendo o bebiendo en bares y restaurantes locales. El ciclo continúa: regresamos a nuestros hogares con ideas y alguna adquisición, con los colores, la vida y la energía que nos inspiraron.

ALREDEDOR DE LA CASA

En algún lugar, a medio camino entre el mundo privado y el público, los porches, terrazas, jardines traseros, patios y, finalmente, jardines proporcionan un sitio donde comer y beber, conversar, reflexionar y meditar. En climas cálidos, una terraza o porche puede hacer casi las funciones de una habitación adicional o galería. En el palacio de Bragança de Goa (*izquierda*), esta galería aloja buena parte de la colección de muebles y objetos en las habitaciones que dan a ella. Abierta al jardín aunque bien protegida, la terraza de esta casa de Guatemala (*página opuesta*) todavía ofrece espacio para el mobiliario y lo que es más importante, los lugares para sentarse la convierten en una verdadera área de transición de las habitaciones interiores al mundo exterior.

Al dorso
Los usos de los porches y terrazas son muchos y muy variados. Si son lo suficientemente amplios para colocar mesas y sillas, sirven como comedor al aire libre; en cualquier caso, son lugares idóneos para sentarse. Son también muy útiles, ya que pueden albergar muebles que por su tamaño y material no son aptos para el interior, como tiestos de barro o cestas grandes, jaulas, etc. Por otra parte, el mobiliario formal del interior puede parecer fuera de lugar aquí; los esquemas con los que se obtienen mejores resultados son las sillas y mesas rústicas, de mimbre o ramas.

MÁS INFORMACIÓN			
PALACIO DE BRAGANÇA	47	144	147
COLORES DE AMÉRICA LATINA	357	431	442 449
ARCONES DECORADOS	159	251	262 441

SIMPLEMENTE VIVIR | *ALREDEDOR DE LA CASA*

MAURICIO

MAURICIO

MAURICIO

SICILIA

MAURICIO

SAIGÓN

SICILIA

BUENOS AIRES

SANTIAGO

NAIROBI

MÉXICO

BURUNDI

Esta amplia y agradable logia (*derecha*) se extiende a lo largo de uno de los lados de una magnífica casa de Mauricio. Como puede apreciarse en la fotografía, es lo suficientemente amplia como zona de reunión tras los estores de mimbre que pueden desenrollarse para filtrar los fuertes rayos del sol. Como parte de la casa a la vez que una extensión del jardín, es un espacio de transición entre dos experiencias. También complementa al comedor que puede verse al fondo (*pág*. 177).

SIMPLEMENTE VIVIR | *ALREDEDOR DE LA CASA*

BALI

SAIGÓN

MAURICIO

FINLANDIA

CANADÁ

MANILA

Todas las zonas de reunión ilustradas aquí (*página opuesta* y *al dorso*) demuestran la flexibilidad que puede tener el porche como lugar para acomodar las actividades del hogar –comer, beber y conversar– al mismo tiempo que introduce los placeres del jardín en su interior. La forma de los porches y terrazas cambia, lógicamente, en función del clima y la topografía. En regiones soleadas y subtropicales, se busca sombra, protección y alivio de los efectos del calor. En climas alpinos, un porche como el de este chalet cerca de Grenoble (*derecha*) puede aprovechar plenamente la escasa luz y calor de esta región y ofrecer una vista lo más amplia posible de las montañas.

MÁS INFORMACIÓN

CABAÑAS DE ESQUÍ	29	42	238	239	
PORCHES	37	43	54	374–385	
SILLAS PLEGABLES	95	100	123	135	286
MUEBLES DE MADERA	128	134	148	158	438
CASA MANILA	150	156	158		
CASA DE GRENOBLE	243				
CASA DE BALI	16	35	151	159	400

SIMPLEMENTE VIVIR | *ALREDEDOR DE LA CASA*

MARRUECOS

BORA-BORA

EL CAIRO

BALI

SAIGON

SRI LANKA

SIMPLEMENTE VIVIR | *ALREDEDOR DE LA CASA*

PROVENZA

NORMANDÍA

ISLA DE RÉ

PROVENZA

TÚNEZ

ISLA DE RÉ

Los porches y terrazas son de una construcción muy deliberada, parte distinguida de las casas a las que están adjuntas, a pesar de que normalmente presentan una oportunidad para participar de los placeres del jardín de alrededor o la plantación. En los pisos altos y tejados, sin embargo, pueden estar totalmente aislados. Menos cerrado, pero igualmente atractivo y práctico es el jardín trasero, una zona ambigua que a veces sólo se define mediante el pavimento, pared o puede que un toldo. Estos ejemplos (*página opuesta*) dejan claro que una zona de comedor exterior no depende de una elaborada construcción; todos ellos utilizan el espacio inmediatamente colindante a la casa, pero de una forma informal con encanto. En algunos casos, sólo han sido necesarias unas sillas y una mesa lo más cerca posible de la cocina para crear una atmósfera de calidez y cordialidad, quizá embellecida por plantas que se han hecho crecer de una forma determinada y algunas sombras de la luz del sol. Todos estos elementos se han combinado de una forma especialmente satisfactoria en esta zona pavimentada con ladrillos de una casa de Hammamet en Túnez (*derecha*).

MÁS INFORMACIÓN

LUGARES DE REUNIÓN					
EXTERIORES	402	404	406	416	446
TOLDOS	348	374	375	406	407
CASAS DE TÚNEZ	132	375	397		
MACETEROS	331	380	400	403	
MAMPOSTERÍA DECORATIVA	357	370	371	447	

SIMPLEMENTE VIVIR | *ALREDEDOR DE LA CASA*

Los recintos, patios traseros y jardines tapiados son de un orden muy distinto a los porches y terrazas ilustrados en las páginas anteriores. Por una parte, no ofrecen ninguna apertura al mundo exterior, al jardín que los rodea o al paisaje. En efecto, son habitaciones adicionales de la casa al aire libre llenas de vegetación y agua. Los grandes patios, como éste en Nápoles (*superior izquierda*), son espacios ideales para exponer trabajos monumentales de piedra, con frecuencia combinados con plantas decorativas. Más modesto, más informal, un jardín de París (*inferior izquierda*) refuerza la sensación de intimidad mediante las frondosas plantas y árboles que rodean su perímetro. Este lugar, en medio de la urbe de edificios, no puede evitar asumir un aire secreto y escondido. Las plantas son formales pero no agobiantes y el centro está rodeado de árboles podados y cuatro grandes tiestos de terracota al estilo tradicional de la Toscana.

MÁS INFORMACIÓN

MESAS PLEGABLES   285   334   407

El jardín amurallado, con su estanque axial central, símbolo del Paraíso, parte de la casa pero no dentro ella, es una de las expresiones más refinadas del arte y la arquitectura islámicos. Los pórticos conducen desde las habitaciones al espacio lleno de aromas y agua que se encuentra en su centro, haciendo que la transición del interior al exterior apenas se perciba. Las plantas son escasas: setos cuadrados, naranjos y limoneros en tiestos, mirtos. El agua es muy importante acorde con su estatus como elemento diferenciador entre la supervivencia en un entorno civilizado y el desierto. Entre los logros más audaces de la arquitectura islámica de la España musulmana están los jardines de la Alhambra y el Generalife de Granada (*superior derecha* e *inferior derecha*). También son una expresión de la quintaesencia del Mediterráneo, el patio, que puede crearse o imaginarse en cualquier lugar donde haya un espacio cerrado: unos cuantos tiestos de terracota sobre el suelo pavimentado, el sonido del agua de una fuente, la sombra de las parras que crecen por una pérgola o un olivo.

MÁS INFORMACIÓN
CASAS MORISCAS   107   126   344   390
ESTANQUES   392   394   395   398   403
PATIOS MORISCOS   390   393   394   396

A pesar de que esta casa de Marrakesh data, en realidad, del siglo XVII, su patio central es una interpretación contemporánea del patio islámico de larga tradición (*derecha*), aunque con un número suficiente de detalles arquitectónicos para subrayar su autenticidad. Todas las puertas finamente trabajadas, por ejemplo, proceden de un edificio más antiguo, igual que el arco de ojiva que corona la entrada al patio. Las baldosas del suelo están dispuestas siguiendo los motivos del hilado bereber. Todo el espacio se define asimismo por los cuatro naranjos en torno a la fuente baja y, por las noches, por los cuatro faroles iluminados de diseño marroquí.

SIMPLEMENTE VIVIR | *ALREDEDOR DE LA CASA*

Los jardines y patios traseros occidentales ocultan el agua; incluso la tradicional fuente se basa en una aparición energética repentina de agua que, a continuación, desaparece para ser reciclada. En los patios islámicos (*superior izquierda* y *superior derecha*) la fuente burbujeante, a menudo aromatizada con pétalos, asegura la presencia constante del agua, que *refresca* el aire sólo con su sonido. Estos dos patios de Marrakesh se disponen en torno a la fuente central, y se definen por la colocación cuidada de unas pocas plantas.

El patio morisco pasó a formar parte, como era de esperar, de la tradición arquitectónica española. De esta forma, se exportó por su imperio colonial para adornar las grandes casas de las capitales de Latinoamérica aquí, en La Habana (*superior izquierda*). En un patio andaluz (*superior derecha*), aparece otro importante detalle arquitectónico: al estar el espacio abierto a distintos pisos, lo corriente es que el patio tenga varias galerías, que conducen a las habitaciones superiores.

Los patios delimitados por altos edificios proporcionan un marco especialmente adecuado para colocar esculturas, tanto figurativas como abstractas, y objetos de gran tamaño que no podrían situarse en una habitación interior. Cualquier efecto sofocante del recinto cerrado se puede suavizar con la utilización acertada de plantas y arcos. Un patio de Roma (*superior izquierda*) está completamente dominado por la estatuaria clásica, lo que le confiere un aire muy formal. Pero en este espacio maravillosamente desordenado de una casa de Granada (*inferior izquierda*), las plantas están colocadas al azar en distintos modelos de tiestos y barreños de barro.

MÁS INFORMACIÓN					
ESTATUARIA	188	206			
ESTANQUES	389	392	395	398	403
PATIOS MORISCOS	389	390	393	396	

El eclecticismo adquisitivo que se esconde tras la variada reunión de telas y objetos dentro de una casa napolitana se ha extendido evidentemente a este intrigante patio (*superior derecha*). Plantas en grandes tiestos, situadas a distintas alturas, aumentan la sensación de misterio que rodea la extraña mesa y la decoración de las paredes.

Casi a una escala demasiado grande para sus alrededores inmediatos, esta fuente del patio de una casa de Guatemala es ciertamente monumental (*inferior derecha*). Todo en ella parece ampuloso y exagerado, una impresión que se agudiza por la colocación de plantas en tiestos alrededor del borde de la pila.

MÁS INFORMACIÓN

TIESTOS	112	275	371	396
FUENTES	370	396	397	398
ARCADAS	289	393	396	398

SIMPLEMENTE VIVIR | *ALREDEDOR DE LA CASA*

El tamaño de los patios es muy importante, al menos en lo que respecta al efecto que producen dentro del edificio. Ninguno de estos dos ejemplos –uno en un jardín público de Delhi (*superior izquierda*) y el otro en Granada (*inferior izquierda*)– produce la sensación de recinto secreto de los patios de las páginas anteriores. Ambos poseen el aire abierto que se deriva de su tamaño relativo al edificio en el que se encuentran, lo que les da un aire a medio camino entre patio y plaza. Uno espera que cualquier actividad humana tenga lugar no en el área central, sino a la sombra de las arcadas que lo rodean.

MÁS INFORMACIÓN				
PATIOS MORISCOS	389	390	393	394
TIESTOS	112	275	371	394
TEJADOS DE TEJAS	43	46	58	356

La arcada abovedada en forma de arco es uno de los atributos arquitectónicos más importantes del patio tradicional. Éste actúa como un área de transición entre el interior y el exterior, entre la sombra y la luz. También ofrece espacio para formas decorativas adicionales: variedades de arcos, columnas y capiteles esculpidos, suelos embaldosados, incluso paredes pintadas al fresco. En una casa de Hammamet en Túnez, el espacio y el volumen de un pequeño patio se dividen y articulan por la sencilla colocación de bóvedas y arcos, que encierran la fuente (*superior derecha*).

Aún con signos de la influencia morisca, pero al estilo occidentalizado, este patio de una magnífica casa de Sevilla (*inferior derecha*) proporciona un lugar donde comer y conversar bajo sus formales arcos. El área central se ha reservado completamente para la cuidada colocación de plantas en macetas alrededor de la fuente.

MÁS INFORMACIÓN
SUELOS A CUADROS   222 301 378 382 418
FUENTES   370 394 398
CASAS DE TÚNEZ   132 375 386 387

SIMPLEMENTE VIVIR | *ALREDEDOR DE LA CASA*

Es difícil imaginar lugares más agradables que estos dos patios islámicos, uno espléndido y espacioso, y el otro reservado e íntimo. Una imponente arcada, tan grande que puede cobijar filas de macetas, rodea a un amplio patio en una casa de Granada (*superior izquierda*). La variedad de los detalles arquitectónicos crea un juego en constante cambio de luces y sombras.

En un jardín de El Cairo (*inferior izquierda*), la atmósfera idílica es casi utópica. Todo el vocabulario del diseño sobre el jardín islámico se ha reunido aquí para crear un lugar único de profunda paz a la vez que de agitación visual. La fuente central rodeada de una pila formada por baldosas de motivos tradicionales es el punto de atención principal; una hornacina en el muro se ha transformado en una especie de diván, y el conjunto se ha completado con una gran variedad de plantas en macetas que hacen de este lugar el perfecto jardín secreto.

MÁS INFORMACIÓN				
FUENTES	370	394	396	397
ARCADAS	289	393	394	396
FAROLES	198	267	370	378	392

La misma complejidad
y minuciosidad que caracteriza
las filigranas islámicas también
puede verse en la larga tradición
de artesanía de la madera
en el norte de África,
especialmente en Egipto.
A partir de la dinastía Fatimita,
responsable de la fundación
de El Cairo en la Edad Media, una
magnífica línea de artesanos de gran
habilidad en el trabajo de la madera
ha sobrevivido hasta nuestros
días. Esta destreza y arte pueden
contemplarse en las puertas
y paneles, pero en especial
en el tipo de celosías tan apropiadas
para los biombos de poca altura
que cubren las galerías en torno a
la fuente central del patio doméstico
tradicional. Este ejemplo (*superior
derecha*) está en una casa de
Marrakesh.

Más sutiles y refinados son
los biombos y frisos que rodean este
patio de El Cairo (*inferior derecha*).
Los textos del Corán crean un juego
fascinante en elegante escritura
árabe frente al patrón de madera
repetido del fondo.

MÁS INFORMACIÓN

CELOSÍAS   78   155   167   179   447

399

Se suele decir que la arquitectura de Bali es una arquitectura de patios. Incluso las casas modernas de la isla están formadas por una serie de estructuras como pabellones situadas en forma de complejo en torno a una serie de patios. El área central sirve como lugar para la vida en común; un patio dentro de un patio, hacia el noreste, es el lugar destinado al templo de la casa donde se reza a los dioses de esa mezcla de hinduismo y animismo única de la isla.

Una gran casa en Ubud (*derecha*) atesora todas las virtudes arquitectónicas tradicionales balinesas, aunque de una forma muy actual, creando espaciosos interiores independientes que a pesar de ello están relacionados entre sí dentro de la planta general. Esta flexibilidad en las formas ha convertido el estilo de Bali en un modelo muy imitado en la arquitectura vernácula del sureste asiático y de la región del Pacífico, incluso en Australia.

SIMPLEMENTE VIVIR | *ALREDEDOR DE LA CASA*

Disfrutar de la vida en el exterior de nuestro hogar y del placer de comer al aire libre no exige necesariamente contar con un patio o terraza construidos especialmente. Algunas veces es algo tan sencillo como buscar un entorno agradable y poner la mesa en una zona cercana al lugar donde se cocina. Los efectos visuales son importantes: un mantel de vivos colores en un prado cerca de Burdeos (*superior izquierda*); un festín junto al mar en Arcachon, en la costa francesa del Golfo de Vizcaya (*inferior izquierda*).

MÁS INFORMACIÓN					
BANCOS DE MADERA	227	232	314	383	386
COMIDAS AL AIRE LIBRE	378	406	412		

Toda clase de elementos puede combinarse para elaborar y extender la función de la «habitación exterior». En esta casa de Córcega, perteneciente a un decorador de interiores de prestigio internacional (*derecha*), las habitaciones fluyen perfectamente hasta la terraza situada junto a una piscina «natural».

MÁS INFORMACIÓN
MUEBLES DE EXTERIOR   58   374   380   386   387
ESTANQUES   389   392   394   395   398
MACETEROS   331   380   386   400

SIMPLEMENTE VIVIR | *ALREDEDOR DE LA CASA*

La terraza, o zona formal de relajación, también puede estar situada de forma acertada lejos de la casa. Debido a la vista espectacular que se disfruta desde este punto de un jardín de Bali (*superior izquierda*), los propietarios decidieron pavimentar una zona para colocar dos hamacas y una sombrilla como mirador hacia el magnífico panorama de las colinas de la isla.

En un jardín francés (*inferior izquierda*) una improvisada zona de comedor ha surgido en un lugar maravillosamente atractivo por los árboles y arriates combinados con la verja de hierro y la piedra desgastada por el tiempo.

MÁS INFORMACIÓN					
LUGARES DE REUNIÓN AL AIRE LIBRE	386	402	406	416	446
VERJAS	370	371			
DIVANES MODERNOS	90	314	384		

Este lugar cerca de una casa de la Toscana no parece a primera vista el sitio ideal para colocar unas sillas, aparentemente, para hacer vida social (*superior derecha*). Sin embargo, si se observa atentamente, al fondo se puede distinguir el clásico paisaje de la Toscana, tan amado por poetas y pintores, de colinas salpicadas por los altos cuerpos de los cipreses. La amplia forma blanca de las sillas es también una invitación a una reunión escultural bajo el árbol.

Si se busca un refugio para la zona del comedor exterior, entonces, esta disposición estructural del jardín de una casa de Mallorca (*inferior derecha*) se acercaría bastante a la solución ideal. Arropada por todos sus lados por la exultante vegetación, la zona recibe suficiente sombra como para no necesitar toldos ni sombrillas.

Al dorso
La combinación de luz del sol, terraza y plantas, creciendo salvajes o de forma controlada, es irresistible en cualquier lugar del mundo como lugar para disfrutar de una comida al aire libre.

MÁS INFORMACIÓN
SILLAS DE MARIPOSA   99   102   130   131   390
ASIENTOS FIJOS   406

SIMPLEMENTE VIVIR | ALREDEDOR DE LA CASA

IBIZA

PROVENZA

ARGENTINA

TOSCANA

BÉLGICA

CÓRCEGA

SICILIA

MARRUECOS

MÉXICO

RODAS

SUECIA

IBIZA

SEVILLA

PROVENZA

PARÍS

GUATEMALA

CÓRCEGA

IBIZA

CÓRCEGA

TOSCANA

CÓRCEGA

IBIZA

SIMPLEMENTE VIVIR

FLORIDA

CUBA

BOMBAY

BUENOS AIRES

ATENAS

COPENHAGUE

EN LA CALLE

Detrás del hogar, detrás de sus elementos arquitectónicos inmediatos, están las calles, las arterias principales de comunicación de la comunidad en los pueblos y ciudades. A lo largo de las calles aparecen los lugares de encuentro: bares, restaurantes, cafés, tiendas y mercados. Estos son lugares de intercambio: bienes, dinero y conversación, obviamente una mercancía en la mayoría de los bares ilustrados aquí (*página opuesta*). Sin conversación un bar puede parecer un sitio muy triste (*derecha*). Pero estos son los lugares donde buscamos un cierto tipo de atmósfera, donde pasamos el tiempo en cordial camaradería, y de cuya decoración podría obtenerse alguna inspiración.

DUBLIN

SIMPLEMENTE VIVIR | *EN LA CALLE*

Bares de todo el mundo adoptan todas las formas y tamaños posibles, desde los íntimos y tranquilos, hasta las cervecerías estruendosas, en las que lo último que se puede conseguir es intimidad y tranquilidad. En general, se declaran con orgullo como lugares de distintos grados de sociabilidad y cordialidad, desde Sri Lanka (*superior izquierda*) hasta Roma (*inferior izquierda*). A pesar de que las botellas que pueden verse a la espalda de este barman de Marrakesh son pocas (*página opuesta*), una sonrisa confirma que este café es un lugar de bienvenida y hospitalidad.

MÁS INFORMACIÓN					
SUELOS DE BALDOSAS	193	197	297	345	445
PAREDES DE AZULEJOS	222	227			
PAREDES CON TEXTURA	274	276	281	286	293

410

SIMPLEMENTE VIVIR | *EN LA CALLE*

SAN FRANCISCO

NORUEGA

ATENAS

MARSELLA

PARÍS

EL CAIRO

La diferencia entre comer fuera en un restaurante de nuestra elección y comer en casa es casi tan grande como entre el teatro y la vida real. La atención a los rituales de la presentación y el protocolo otorgan un estatus especial a la comida que otros preparan. Los restaurantes pueden ser también de todas las formas y tamaños (*página opuesta*) tan variados como la atmósfera de los interiores domésticos. No hay nada más fascinante que los restaurantes franceses, italianos o chinos, en los que los platos han evolucionado con el paso del tiempo pero cuya decoración ha permanecido inalterada. Por desgracia, cada vez tenemos que viajar más lejos para encontrar lugares así, pero una vez allí olvidaremos cualquier punto flaco de la comida.

Entre los restaurantes del mundo, los mercados de puestos ambulantes del sudeste de Asia (*superior derecha* e *inferior derecha*) ofrecen al consumidor una variedad sorprendente de platos casi comparable a la prodigiosa memoria de los vendedores para recordar quién ha pedido qué y en qué mesa está sentado.

MÁS INFORMACIÓN
TABURETES   111   153   297   408   414
COMER AL AIRE LIBRE   378   402   406

BALI

BANGKOK

SIMPLEMENTE VIVIR | *EN LA CALLE*

SAIGÓN

BUDAPEST

SALVADOR DE BAHÍA

SAIGÓN

Desiertos, los restaurantes exigen que les juzguemos por lo que son, templos de la comida que sólo cumplen su propósito cuando están llenos de la clientela que esperan. En sus diferentes estilos decorativos (*izquierda*), son una especie de equivalente secular a otros lugares de escape de las presiones de la vida urbana: las iglesias y templos. Y qué necesarios son esos refugios: una expresión extrañamente beatífica en una casa de té de Saigón (*página opuesta*).

MÁS INFORMACIÓN					
SILLAS DE COMEDOR	175	346	378	408	
MESAS REDONDAS	136	141	145	300	304
SUELOS CON DIBUJOS	182	196	345	359	393
CLUB DE SAIGÓN	166	385			

La comida cuidadosamente preparada y dispuesta en una larga mesa es, por sí sola, atrayente. El arroz, la langosta, las verduras y el pollo acompañados por una tradicional salsa vietnamita, constituyen una composición irresistible sobre la mesa de esta casa de propietarios franceses en Saigón (*página opuesta*). Los detalles arquitectónicos adicionales necesarios para hacer de la comida una momento más entretenido no son siempre predecibles de forma inmediata: en este restaurante de Manila (*izquierda*) los comensales se refrescan los pies en el río que fluye debajo de las mesas mientras comen.

MÁS INFORMACIÓN

COMER AL AIRE LIBRE   386 402 404 406 446
CASA DE SAIGÓN   168 378

Para aquéllos que se toman la preparación de los alimentos muy en serio, existe una intensidad casi religiosa en la manipulación y preparación de las materias primas. Igual que las iglesias de todo el mundo, la cocina es un lugar regido por jerarquías y rituales, y espero que también por la alegría de participar en esta actividad vital; sin duda, esa emoción parece evidente en las caras del personal de la cocina de un popular restaurante italiano en Ciudad de México (*superior*). La funcionalidad básica de las cocinas profesionales puede ser una inspiración estilística por sí misma, como atestigua el estilo *hi-tech* de los años setenta.

Muchos restaurantes del mundo son negocios familiares, pequeñas unidades en las que cada cual tiene una idea clara de su posición en el orden de las cosas. En una tierra de abundancia, como Provenza, un restaurante familiar –éste está cerca de Les Baux-de-Provence (*superior*)– lógicamente incluye en sus platos los productos disponibles en los mercados locales. Así, se mantiene una intimidad entre el proceso de cultivo, recolección y consumo.

SIMPLEMENTE VIVIR

SALVADOR DE BAHÍA

SALVADOR DE BAHÍA

EL MERCADO

El mercado de alimentos frescos es el primer paso en la distribución de los productos alimenticios de la huerta y el campo, de la granja y la plantación, y del río y el mar. Si dejamos aparte las cadenas de suministro de los supermercados y las fábricas de comida precocinada, el mercado apela a ese profundo deseo humano de adquirir productos crudos lo más frescos posibles. Y en ningún otro sitio esto es más verdad que en los puestos de pescado y marisco de todo el mundo (*esta página*).

SANTORINI

COCHÍN

La mayoría de los mercados impresionan por sus colores y por la sencillez de su presentación. En los mercados de pescado, en especial los que se encuentran en los muelles, iluminados por la intensa luz del mar, el brillo de los colores y la fuerza de las formas crean prolegómenos visuales deliciosos a los placeres de cocinar y comer. Los rosas y rojos se combinan con plateados que brillan y resplandecen de forma deslumbrante bajo los rayos del amanecer costero en Tánger (*superior derecha*). Todos los colores del arco iris oceánico cuelgan de los ganchos de una pescadería en los muelles de Valparaíso, Chile (*inferior derecha*).

SIMPLEMENTE VIVIR | *EL MERCADO*

MANILA

COCHÍN

Un mercado es un lugar de visiones abundantes y ricas: los colores frescos y brillantes, ya sea aislados o en pirámides (*superior izquierda, inferior izquierda* y *al dorso*). Afortunadamente, las mercancías varían de un lugar a otro, de un país a otro, pero reconocemos el mercado auténtico en cualquier lugar del mundo por su evocación de *abundancia*, por la forma de disponer los tomates, pimientos, calabacines y berenjenas en cualquier ciudad del Mediterráneo o por las torres de guayabas, papayas, piñas y frutos del árbol del pan en el trópico. El fruto del árbol del pan, que muestra con orgullo un chef de Bali (*página opuesta*), procede de las islas del Pacífico. En 1793 fue introducido en Jamaica por el capitán Bligh, conocido como Bounty, en la creencia de que se convertiría en el alimento básico de la población de esclavos. La idea no tuvo un gran éxito, pero Jamaica sigue siendo el principal productor.

SIMPLEMENTE VIVIR | *EL MERCADO*

SRI LANKA

TÚNEZ

BOMBAY

LÚXOR

BANGKOK

MÉXICO

LÚXOR

SRI LANKA

NEPAL

SALVADOR DE BAHÍA

BANGKOK

NÁPOLES

425

SIMPLEMENTE VIVIR | *EL MERCADO*

BANGKOK

MARSELLA

BURUNDI

BANGKOK

MAURICIO

MAURICIO

Las imágenes de los puestos de un mercado, ya sea un bote en Bangkok o un mostrador de Burundi, están entre las más poderosas en nuestra apreciación de las cosas buenas de la vida y son lo más cerca que algunas personas estarán del mundo natural. Las imágenes que están llenas de color, texturas, formas y diseños, toman vida por la presencia de las personas, con frecuencia los mismos productores, en los procesos de intercambio. Éste es un mundo de compradores y vendedores que se encuentran cara a cara, algo imposible en entornos formales más rígidos (*estas páginas*). Algunas veces ambas partes se reúnen de forma espontánea y sin planearlo; este mercado al borde de una carretera en Burundi se desarrolló de manera casi impredecible (*al dorso*). La escasez de lo que alguien vende es un lujo para otro; pero independientemente de la riqueza o escasez de la oferta, siempre existe la posibilidad, cálida y tranquilizadora, de la adquisición y el posterior consumo.

MÁS INFORMACIÓN

CESTAS   150   291   424   430   432
          434   443

BURUNDI

BURUNDI

SIMPLEMENTE VIVIR | *EL MERCADO*

BALI

PROVENZA

MARRUECOS

MAURICIO

MAURICIO

ROMA

Ya sea el mercado de un vecindario de París, Roma o Londres, o de un pueblo de Marruecos o Mauricio, la reunión de personas y productos es un punto de interés real para la comunidad, y para cualquier visitante. Es una oportunidad para el intercambio de opiniones y habladurías; las secuelas positivas de tantas cosas buenas son incalculables (*estas páginas*). Elizabeth David, seguramente la mejor escritora inglesa sobre temas culinarios, encontró una dicha única en los volúmenes y variedad expuestos en un buen mercado: tomates, calabacines, pimientos, melones, espárragos, fresas, grosellas, cerezas, albaricoques, melocotones, peras y ciruelas. Sus comentarios se referían en gran parte a descripciones de los mercados de la Provenza e Italia, pero su entusiasmo evocaba con gran fuerza los sentimientos provocados por los mercados de comida de todo el mundo.

GUATEMALA

SIMPLEMENTE VIVIR | *EL MERCADO*

SALVADOR DE BAHÍA

NÁPOLES

NEPAL

MAURICIO

SHANGAI

MARRUECOS

Si un mercado convence por la exposición de alimentos en abundancia, las tradicionales tiendas de frente abierto causan una primera impresión por sus artículos. Hay pocas visiones más deprimentes que una tienda minorista con sólo unos pocos artículos en venta. Una vez más, igual que en el mercado, una exposición rica y emocionante es muy importante; las baratijas poco corrientes y los utensilios del entorno doméstico, así como alimentos, a todos nos tientan si están colocados de una forma suficientemente atractiva: cestas, sartenes y cazuelas, aguamaniles y botes para conservas (*estas páginas*).

Al dorso
Para ser valorada en una época de grandes almacenes y supermercados, el escaparate del pequeño comercio ha conseguido la forma de arte popular. A diferencia de la uniformidad insulsa de los grandes almacenes y supermercados, aquí, las formas, el color y la propiedad individual cuentan.

MÁS INFORMACIÓN
CESTAS 150 291 424 426 430
        430 434 443
ARTÍCULOS DE COCINA 140 222 434 440 444

EL CAIRO

SIMPLEMENTE VIVIR | *EL MERCADO*

IRLANDA

MAURICIO

LÚXOR

GALES

COCHÍN

EL CAIRO

ESCOCIA

IRLANDA

DELHI

MANHATTAN

TÚNEZ

ATENAS

SIMPLEMENTE VIVIR | *EL MERCADO*

MÉXICO

SHANGAI

MANHATTAN

EL CAIRO

BANGKOK

IRLANDA

Páginas anteriores
Este mercado general de Chiloé, al sur de Chile, cuenta con una gran variedad y abundancia de artículos. El número de productos distintos, los armarios y estantes, incluso en el mostrador que rebosa de productos en venta, crea una impresión curiosamente tranquilizadora; en este lugar, comprar es un placer inconfundible que personifica todo lo que echamos de menos de las pequeñas tiendas.

En algunos de los interiores domésticos ilustrados en los capítulos anteriores, observábamos que la acumulación y desorden creativo podían dar lugar a viviendas igual de acogedoras que espacios ordenados y amueblados a la perfección. En un momento en el que las tiendas al por menor se han convertido en un foco del diseño contemporáneo de moda, es sin duda refrescante experimentar un cambio de ritmo al deambular por algún almacén comercial que venda cualquier cosa, pero donde hay abundancia, una ausencia de planificación y desorden interesante (*estas páginas*).

MÁS INFORMACIÓN
MUEBLES DE CHINA   167   378

SAIGÓN

SIMPLEMENTE VIVIR

DELHI

MAURICIO

CUBA

MASSACHUSETTS

MARRAKESH

MARSELLA

CELEBRACIONES

Como ilustración y celebración de la forma en que construimos, diseñamos y vivimos, parece apropiado que la última sección de este último capítulo, esté dedicada a las personas de todo el mundo tal como se comportan en distintas circunstancias, algunas veces sin percatarse. En casi todos los casos, la respuesta a la cámara está marcada por la dignidad y la alegría de la condición humana. Y es quizá en un pequeño taller, golpeando ollas o enrollando cigarros, en los que este placer es más palpable entre las personas que trabajan (*estas páginas*).

DELHI

BALI

MÁS INFORMACIÓN
ARTÍCULOS DE COCINA   140 222 432 434 444
ARCONES DECORADOS   159 251 262 377

SIMPLEMENTE VIVIR | *CELEBRACIONES*

CHILE

RUMANÍA

BANGKOK

RUMANÍA

GUATEMALA

GUATEMALA

Las fotografías de estas páginas evocan la esencia misma de «simplemente vivir»; ya sea en la preparación de un banquete de boda en Rumanía (*superior derecha*) o en la recreación de la vida rural en la granja de un pueblo restaurado de Nueva Inglaterra (*inferior derecha*). Todas estas personas (*página opuesta*), dondequiera que estén, se encuentran en el proceso de definir su estilo de vida, o simplemente de vivir en torno a la casa o esa área indispensable, el jardín o el patio, que es su contexto inmediato; están en algún lugar haciendo algo y sólo estando allí. Sin embargo, en la aparente sencillez de estos ambientes, el número de elecciones, de preferencias expresadas en las cuestiones de estilo y diseño, es casi ilimitado: colores, materiales, texturas y, lo más importante, cómo encajan en el grupo humano que los rodea.

MÁS INFORMACIÓN

CESTAS	150	291	424	426	430	
	432	434				
TEJIDO	116	260	262	282	454	

SIMPLEMENTE VIVIR | *CELEBRACIONES*

SALVADOR DE BAHÍA

NAIROBI

ESTOCOLMO

CHILE

CHILE

ARGENTINA

TOSCANA

SANTIAGO

CHILE

MÉXICO

GUATEMALA

SALVADOR DE BAHÍA

Nada despierta mayores sentimientos de simpatía hacia nuestros congéneres que los momentos de vulnerabilidad, algunas veces fingida, pero normalmente no, capturados por la cámara. Estas viñetas son la esencia de la vida en el mundo (*página opuesta*), percepciones de otros mundos, otras vidas, otros deseos, otras preocupaciones, pero con los que todos podemos identificarnos. Y si el sujeto es captado desprevenido por la cámara, el efecto de un momento fugaz se multiplica (*derecha*).

SAIGÓN

MÁS INFORMACIÓN
ESTUDIOS	130	181	203	246	456
BALDOSAS CON DIBUJOS	338	345	349		
CASA DE ESTOCOLMO	269	362			
ARTÍCULOS DE COCINA	140	222	432	434	440

SIMPLEMENTE VIVIR | *CELEBRACIONES*

Casi un arte ya perdido
en las sociedades occidentales
obsesionadas con la televisión;
las conversaciones profundas
de un grupo de amigos en Delhi,
una ciudad en la que los debates
acalorados son todavía una
actividad muy valorada.

MÁS INFORMACIÓN
SILLAS DE MIMBRE   167   194   244   300   380

La conversación, en particular en lugares públicos (incluso a la sombra de un elefante de piedra) es una de las actividades más gratificantes del ambiente urbano si son *urbanas*. Las grandes culturas de la historia se han caracterizado por su cualidad para el intercambio público, ya sea en debates formales o en la terraza de un café: Atenas, Roma, Florencia, el Londres de los *coffee-house*, el París del *salon*, las ciudades hindúes y musulmanas de todo el mundo. Y cuando dichas reuniones encuentran dificultades por presiones políticas o por el deterioro general de la vida en la ciudad, la cultura completa sufre.

Al dorso
Esta sección es principalmente una celebración de algunos de los muchos pueblos que habitan las ciudades ilustradas en estas páginas. Estas son las personas, algunas se detienen frente a la cámara, que siguen sus propias tradiciones y crean sus propios ambientes de acuerdo con sus necesidades y medios y, de esta forma, hacen su propia contribución al colectivo humano.

MÁS INFORMACIÓN
MAMPOSTERÍA DECORATIVA   357 370 371 387

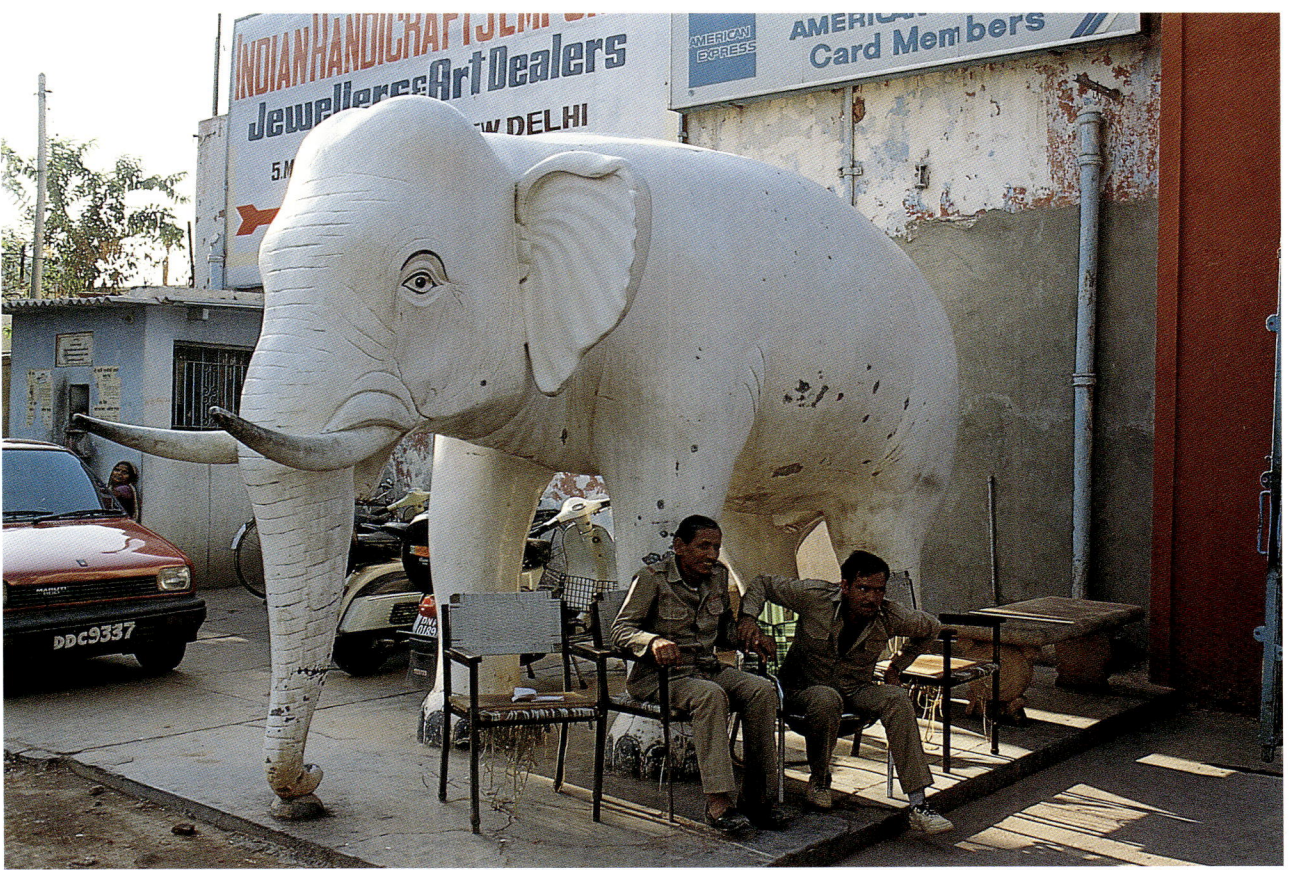
DELHI

EL CAIRO

SIMPLEMENTE VIVIR | *CELEBRACIONES*

MÉXICO

CHILE

MAURICIO

GUATEMALA

LÚXOR

ALTA SABOYA

RUMANÍA

GUATEMALA

CANADÁ

CANADÁ

MÉXICO

GUATEMALA

SIMPLEMENTE VIVIR | *CELEBRACIONES*

MÉXICO

SICILIA

NEPAL

NORMANDÍA

NEPAL

BÉLGICA

NORMANDÍA

COMOROS

GUATEMALA

MÉXICO

RUMANÍA

COMOROS

Antes que una marca de ropa o la presión de los compañeros, los niños pueden mostrar tanto individualismo y alegría en sus prendas de vestir como en su entorno (*página opuesta*); la alegría es evidente en las caras de estos niños mexicanos (*derecha*) con sus mejores galas y los colores exuberantes de los trajes tradicionales.

Al dorso
Estos niños han creado su propia diversión sin necesidad de ropa de marca ni aparatos especiales en una escena casi eterna de la costa de Brasil en Salvador de Bahía.

Páginas 454–455
La diversidad de la vida y la experiencia humana en todo el mundo ha sido ilustrada de manera abundante en este libro, sin embargo, es sorprendente cuántas similitudes aparecen y qué fuertes son los vínculos del grupo, sin importar el tamaño, cuando estamos unidos por un sentido de comunidad, una cultura y un objetivo común.

SIMPLEMENTE VIVIR | *CELEBRACIONES*

RUMANÍA

RUMANÍA

MAURICIO

CHILE

CHILE

MÉXICO

INDIA

RUMANÍA

MÉXICO

BURUNDI

KENIA

ESCOCIA

SIMPLEMENTE VIVIR | *CELEBRACIONES*

IBIZA

IRLANDA

BURUNDI

PARÍS

NÁPOLES

NAIROBI

NORMANDÍA

JODHPUR

FRANCIA

DELHI

FLORIDA

NORMANDÍA

SIMPLEMENTE VIVIR | *CELEBRACIONES*

CUBA

LONDRES

MALLORCA

Los ambientes que creamos (*páginas anteriores* e *izquierda*), los interiores que decoramos y personalizamos, desde Irlanda hasta Ibiza, desde Nápoles a Nairobi, desde Burundi a Bruselas, están allí para que los vivamos y disfrutemos. Deberían servirnos y satisfacernos y, al mismo tiempo, considerarse como contribuciones al mundo que hemos diseñado. La satisfacción por lo que hemos creado se puede encontrar en muchas formas, aquí (*página opuesta*), la tienda nómada en Kenia de un fotógrafo de la vida salvaje de prestigio internacional es una casa abierta a la familia y amigos de todas las especies.

BRUSELAS

CUBA

PARÍS

PARÍS

MALLORCA

MAURICIO

MÁS INFORMACIÓN				
ESCRITORIOS	203	206	208	246
MESAS MODERNAS	88	94	111	137 316
SUELOS ADOQUINADOS	120	327	285	333
KENIA	152	364	378	456
CASA DE LONDRES	97	98	328	
CASA DE MAURICIO	177	380		

SIMPLEMENTE VIVIR | *CELEBRACIONES*

Una nota final de orgullo y celebración en un color impactante: en la época de la cosecha, todos los hogares filipinos de Lucban, en la isla de Luzón intentan superar a sus vecinos en la opulencia y vistosidad de sus flores, frutas y productos (*página opuesta, derecha y al dorso*). En algunos casos, se construyen marcos delante de las fachadas para que sean más grandes e impresionantes. Calles enteras se decoran hasta el último rincón con columnas y guirnaldas de colores deslumbrantes y de magníficas texturas, una forma de arte verdaderamente individual. Y el premio para la mejor decoración ¡es un búfalo de agua!

MÁS INFORMACIÓN				
LUCBAN	15	63	463	
PAREDES DECORADAS	15	213	232	315
EXTERIORES DECORATIVOS	54	58	67	75

ÍNDICES

Guía de diseño
e ideas

ELEMENTOS ARQUITECTÓNICOS
DECORATIVOS
ACCESORIOS, MUEBLES Y
COMPLEMENTOS DEL HOGAR
INTERIORES
TELAS, MATERIALES, TÉCNICAS
DECORATIVAS
COLOR, TEXTURA Y DISEÑO
ESTILOS Y DISEÑO
ÍNDICE GENERAL

ELEMENTOS ARQUITECTÓNICOS DECORATIVOS. ACCESORIOS, MUEBLES Y COMPLEMENTOS DEL HOGAR

ARCADAS	289	396
	393	397
	394	398

ARCONES

	88	358
	143	361
	159	376
	251	377
	262	441

ADORNOS	17
	87
	106
	151
	198

ARCONES	162
CON CAJONES	193
	244
	271

ALFOMBRAS	245
	254

ARCOS

ALFOMBRILLAS	124	272
	134	282
	242	304
	244	319
	262	351
	264	

	15	319
	65	320
	84	344
	98	345
	117	370
	118	371
	119	390
	122	391
	166	397

ALMACENAMIENTO	
	262
	271
	308

ALMACENAMIENTO		
ABIERTO	110	308
	138	320
	139	

ARMARIOS	17	236
	88	237
	89	284
	94	319
	143	320
	218	321
	228	358
	235	

ANIMALES	212	285
	247	322
	271	

ANTIGÜEDADES	321
	361

ARMARIOS	290
DE	321
EXPOSICIÓN	358
	360

APARADORES	110	236
	171	238
	220	363
	224	

ARMARIOS	189
PINTADOS	219
	236
	356
	358

ARAÑAS	47	170
	92	172
	145	173
	164	181
	165	216

ARREGLOS	199	290
DE COCINA	224	360
	238	362
	274	363

ARREGLOS	11	221
DE PARED	147	361
	218	

BALAUSTRADAS	68
	148
	166
	195
	203

BALCONES	10	374
	21	383
	59	384

BALDOSAS

	206	224
	207	227
	213	397
	222	

BALDOSAS	222	349
A CUADROS	339	445
	345	

BALDOSAS	119
TOBAS	198

BALDOSAS	144	224
DEL SUELO	151	228
	188	297
	197	345
	198	397
	206	410
	207	445
	213	

BANCOS	227	383
DE MADERA	232	386
	314	402

BAÑOS

	98	195
	102	196
	104	198
	107	284
	195	314

BARATIJAS	136
	290
	432

BIOMBOS	78	170
DE CELOSÍA	112	399
	155	447

BIOMBOS	88	253
PLEGABLES	166	339
	179	399

BOTELLAS	106	290
	227	

CACHARROS

	112	344
	197	371
	275	388
	288	389
	292	394
	293	395
	340	396

CAMAS

	115	262
	119	263
	122	282
	123	283
	124	312
	125	313
	192	365
	193	

CAMAS	146
COLONIALES	165
	239

CAMAS	151	193
CON DOSEL	158	214
	165	282

CAMAS	142
DE CUATRO	146
PALOS	151
TORNEADOS	158
	239

CAMPANAS	95
DE CHIMENEA	217
	320
	339

465

ÍNDICE DE ESTILOS Y DISEÑO

CANDELABROS	159
	180
	332
	360
	364

CELOSÍAS 324
 399

CERÁMICA
139 361
238 363
291

CERÁMICAS 89 361
 102 363
 139 374
 164 398
 321

CESTAS 131 424
 139 427
 150 430
 291 432
 344 434
 378 443
 379

CHIMENEAS
94 281
95 284
114 295
126 296
127 303
129 305
178 311
187 319
190 320
234 338
246 339
249 340
255 341
259 342
264 343
265

COCINA 109 222
ESTANTES 138 238
 139 263
 171 275
 218

COCINA 108 309
UTENSILIOS 109 432
Y EQUIPO 139 433
 140 434
 222 440
 223 444
 224

COCINAS 224 275
ECONÓMICAS 228 292
 234 309
 238

COLECCIONES 89 298
 147 302
 200 306
 201 307
 212 308
 213 319
 251 357
 253 358
 358 359
 264 361
 268 362

COLUMNAS
108 397
154 460
248 461
311

CONCHAS 15 359
 321

CONSOLAS 144 248
 187 282
 121 360

CORTINAS
78 126
79 127
92 180
93 181
99 215
100 245
113

CORTINAS 79 272
DE ALGODÓN 99 307
 113

CRISTAL 81 144
DE COLORES 85 154

CUADROS
89 302
164 310
201 319
217 320
249 322
250 340
252 347
255 349
264 356
265 357

CUBRECAMAS 100
DE LINO 122
 262

CUBRERREPISAS 305
 360

CUENCOS 139
 223
 394

DECORACIONES 15 263
DE PARED 212 315
 213 460
 232 461

DIVANES 90 297
 94 314
 115 384
 156 398
 157 404

ESCALERAS 15 254
 16 280
 17 295
 75 314
 97 316
 98 319
 187 320
 232 322
 234 323

ESCALERAS 201 269
DE 206 316
BIBLIOTECA 252

ESCRITORIOS 206 257
 308 457
 246 458
 256

ESCULTURAS 39
 188
 302

ESPEJOS
92 263
105 265
106 284
114 285
115 296
131 299
172 302
173 303
187 305
217 339
229 340
230

ESTANQUES 389 394
 390 396
 393

ESTANTERIAS 97 246
 99 247
 201 248
 202 249
 204 310
 206 316

ESTANTES
17 218
92 222
109 224
138 238
139 247
171 275
204 290
205 291
206 363
207

ESTANTES 205
PARA LIBROS 252
 320

ESTATUARIA	206	345	**FLORES**		HUECOS	15	336	MACETEROS	253	386
	258	374			DE LAS	17	370		298	406
	259	394		15	171	PUERTAS	132	371		331	407
ESTUFAS				100	216		319			
	228	284		102	321				MANTELERÍAS	
	230	306		138	366	**JARRONES**				174
	231	317	FREGADEROS							374
	234	319		102	289		100	234		
	235	326		105	290		102	252	**MARCOS**	
	240	342		106	311		171	299		
	241	343		224	363	**LÁMPARAS**				253
	272			288			134	248		302
			FRESCOS				164	260		350
EXPOSICIÓN				187	325		180	350		
				203			247	364	**MESAS**	
	15	360	FRISOS							
	138	361		134	166	LÁMPARAS		128		114	237
	141	362		135	179	COLGANTES		131		129	244
	220	363		164	262			196		144	251
	224	364						212		145	281
	238	365	FUENTES	20	393					171	294
	290	366		389	397	LAVABOS				172	316
	291	367		392	398		102	289		173	402
	320	368					105	290		174	403
	321	369	FUNDAS	38	302		106	363		175	404
	322	370	DESLIZANTES	113	307		224	398		176	405
	332	371		260	313		288			216	406
	340	419								217	407
	341	438	FUNDAS	179	297	LIBROS	89	250		236	
			EXTRAÍBLES	183	307		99	251			
EXPOSICIÓN		54		190			202	252			
DE PORCELANA		220					246	258	MESAS		198
		236	**GRUPOS**				247	265	DE COCINA		224
		238	**DE**				248	269			226
		320	**IMÁGENES**				249	310			311
		361						344			
EXPOSICIÓN		290							MESAS	94	175
EN VITRINAS		321		11	265	LUCES	109	311	DE MADERA	120	237
		358		147	298	DE COCINA	291	362		137	
		360		200	307		308	363			
				226	337				MESAS	88	137
EXPOSICIONES	131	253		251	349	LUCES		93	MODERNAS	94	316
DE PARED	134	351				INDUSTRIALES		308		111	317
	199	362	HORNACINAS	15	213			316			
	221	365		65	319				MESAS		129
	246	456		84	344	LUCES		128	MORISCAS		328
				128	345	MORISCAS		129			
FAROLES		198		131				133	MESAS		109
		267						390	OVALADAS		220
		370									288
		378				LUGARES		256			
		392				DE TRABAJO		316			

ÍNDICE DE ESTILOS Y DISEÑO

MESAS *PLEGABLES*	220 285 334 388 407	**MUEBLES** *DE EXTERIOR*	374 380 386 387 403	**MURALES**	178 367	**PLANTAS**	48 286 321 373 388 389 395 397
MESAS *REDONDAS*	136 189 141 251 145 300 149 304 151 315	**MUEBLES** *DE MADERA*	49 158 128 382 134 438	**PÁJAROS**	30 203 78 224 82 225 188 363	**PORCHES**	43 379 54 380 374 381 375 382 376 383 377 384 378 385
MESAS *RÚSTICAS*	268 299 378 379	**MUEBLES** *DE MADERA CURVADA*	136 141 176 329	**PANELES**	216 305 218 335 219 347 255 399 304		
MUEBLES	16 356 268 357 302	**MUEBLES** *DE PIEL*	235 256 39 264 118 313 120 314	**PAPEL PINTADO**	180 181 320	**POSTIGOS**	74 84 75 114 76 124 78 151 79 174 81 195
MUEBLES *CLÁSICOS SIGLO XX*	90 300 91 313 92 314 93 316 110	**MUEBLES** *PINTADOS*	231 236 237 279 358 359	**PASAMANOS**	83 322 98 323 108 324 158 325 319 328	**POSTIGOS** *DE MADERA*	78 165 192 199 210
MUEBLES *CELOSÍAS ESPAÑOLES*	150 158 166 170 172	**MUEBLES** *RECICLADOS*	105 111 141 257 313 317	**PERSIANAS** *DE BAMBÚ*	375 380 382 400	**PREPARACIÓN** *DE LA MESA*	174 175 176 177 216
MUEBLES *DE ÁFRICA*	101 295 317 351	**MUEBLES** *RURALES*	224 265 338	**PILARES**	294 341		
MUEBLES *DE BALI*	158 159 169 382	**MUEBLES** *RÚSTICOS*	39 118 120 265 351 407	**PILARES** *DE HIERRO*	108 110 130 310 328	**PUERTAS**	15 218 16 219 17 336 21 344 68 345
MUEBLES *DE CHINA*	167 378 438	**MUEBLES** *TALLADOS*	143 167 144 169 145 179 146 181 159 277 161 358	**PILARES** *EN EL EXTERIOR*	16 379 21 380 322 385 330 393 333 396 477 397		69 348 70 352 71 353 79 399
				PILASTRAS	21 344 345		

PUERTAS
FRANCESAS
47
82
83
149
177

PUNTOS
DE INTERÉS
335
336
337
370

RELOJES
234
321

RELOJES
DE PARED
223
224
308
316

RELOJES
DE PIE
133
210
211
224
231
237

REPISA
DE CHIMENEA
320
321
339
340
341

RETRATOS
162
163
183
184
185
200
217
239

SILLAS
78
110
111
113
126
127
144
145
214
216
236
237
244
247
251
299
314
405

SILLAS
BUTACAS
78
122
128
134
158
180
205
239
248
250
262
269
310
311
456

SILLAS
BUTACAS DE MADERA
133
210
211
224
231
237
78
128
134
158
310
311
456

SILLAS
DE COMEDOR
220
307
346
378
408
414

SILLAS
DE EXTERIOR
386
387
402
404
406
416
446

SILLAS
DE MARIPOSA
99
102
130
131
390
405

SILLAS
DE METAL
111
130
226
266
308
406

SILLAS
DE MIMBRE
143
148
165
167
194
244
300
380

SILLAS
MECEDORA
159
240
255
338

SILLAS
PLEGABLES
95
123
135
286
383

SILLONES
OREJEROS
239
249
260
261
297
304
305

SOFÁS
49
92
298
345
349

SUELOS
145
165
173
196
215

SUELOS
A CUADROS
301
378
382
397
418

SUELOS
ADOQUINADOS
120
226
266
308
406
285
327
333
458

SUELOS
CON DIBUJOS
182
190
345
393
414

SUELOS
DE BALDOSAS
144
151
188
197
198
206
207
213
224
228
297
345
397
410
445

SUELOS
DE HORMIGÓN
226
227
310
317

SUELOS
DE MADERA
16
112
113
114
125
140
161
172
251
294
303

SUELOS
DE PARQUET
294
304

SUELOS
NO TRATADOS
125
230
235
239
280
281
299

TABURETES
111
153
297
350
408
421
413
414

ÍNDICE DE ESTILOS Y DISEÑO

TALLADO

150	319
156	321
160	322
166	323
169	346
179	

TAPICERÍA

319
346
349

TAPICES
DE PARED

168
262
320
351
356
357

TECHOS

126	320
127	325
218	327
219	354
255	355
294	

TECHOS
ABOVEDADOS

116	121
117	187
118	217
119	325
120	345

TECHOS
CON MOLDURAS

165
181
354

TECHOS
PINTADOS

164
191
203
215
279
342
354

TECHOS
VISTOS

120
125
137
174

TEJADOS
DE TEJAS

43
46
58
356
396

TEJAS

43
52
53
58
83

TELAS

89	303
100	321
122	346
258	395

TELAS
ACORTINADAS

17
79
303
312
336
337

TELONES

98
100
283

TOALLAS

102
112
321

TOLDOS

374
375
386
406
407

UTENSILIOS
DE COCINA

88
275
290
291
292
309
316
362
363
432

VAJILLA

109	290
138	362
198	363
234	374
236	

VENTANAS
EN FORMA DE ARCO

74
78
325
336

VENTILADORES
DE TECHO

124
149
168
199

VIGAS

101	263
124	300
142	346
149	349
243	

VIÑETAS

257
258
302
303
332
360
361

INTERIORES

BAÑOS

21	153
98	194
102	195
103	196
104	197
105	288
106	289
107	

BIBLIOTECAS
Y SALAS DE LECTURA

88	206
89	207
99	246
201	247
204	248
205	252

COCINAS

14	228
88	238
89	248
98	266
138	274
139	275
140	279
141	290
198	291
199	293
218	311
219	360
220	362
222	363
223	364
224	374
225	438
227	

COCINAS
COMPACTAS

132
133
139
363

COCINAS *MODERNAS*	108 109 111 120 309 311 316	ENTRESUELOS	98 212 319	322 323	HUECOS	187 306 319 320 344 345 398	PAREDES *ENVEJECIDAS*	160 176 181 184 203 232 245 255

ESCALERAS

LOFTS

ESTUDIOS

RELLANOS

COCINAS-COMEDOR	136 137 198	292 311		15 16 17 75 97 98 187 232 234	254 280 295 314 316 319 320 322 333	IGLESIAS	15 64 65	PAREDES *PANELADAS*	216 304 335 348 349
COMEDORES	14 88 94 111 116 117 120 130 136 137 162 163 170 172 174 216 237 267	269 279 284 285 286 287 288 292 300 307 345 346 378 380 381 408 414	ESPACIOS *DE TRANSICIÓN*	15 17 131 132 133 308 314 319 322 323 324 325 326	327 328 329 330 331 332 333 334 335 336 337 380 381		19 98 99 142	310 311 314 316	PASILLOS	17 213	320 322 323
						MINIMALISTA	94 98 100 104		PLANTA NOBLE	47 172 173
								REFORMADOS	88 108 142 268 310 311 313 316
						PAREDES *CON AZULEJOS*	222 227			
DORMITORIOS	89 98 100 101 115 119 122 123 124 125 128 133 142 165 192	193 214 215 239 243 262 263 270 282 283 308 312 313 321 365		88 130 151 203 205 246 247 248	249 256 258 271 303 331 446 456	PAREDES *CON TEXTURA*	274 276 281 286 293 410			17 212 319 323 390 391
			GALERÍAS		47 212 399	PAREDES *DE LADRILLO*	38 122 246 265	SALAS *DE ESTAR*	90 93 143 166 178 206 207 230	242 246 247 264 297 298 339
			HABITACIONES *EN EL ÁTICO*		100 124 133 239 243 263 311 313	PAREDES *DE PIEDRA*	119 133 284 285 289			
DORMITORIOS *SALAS DE ESTAR*	17 126 127					PAREDES *DE TERRACOTA*	128 145 286 288			

ÍNDICE DE ESTILOS Y DISEÑO

SALONES

38	261
49	286
96	287
113	294
126	295
129	296
133	302
134	304
141	305
144	331
169	456
205	457
259	

TALLERES

81
132
206
456

VENTANAS

15	92
16	96
74	143
78	196
79	240
80	241
81	268
82	288
83	311
84	313
85	316
88	321

VENTANAS
EN FORMA DE ARCO

47
74
78
148
325
336

VESTÍBULOS

17
319
325
327
335
355

TELAS, MATERIALES Y TÉCNICAS DECORATIVAS.

COLOR, TEXTURA Y DISEÑO

ACABADO
ENVEJECIDO

256
265
276
296

ACERO

21
102
111
332

ALGODÓN

98
100

BALDOSAS

206	224
207	227
213	397

BALDOSAS
DE SUELO

144
151
188
197
228

BALDOSAS
TOBES

119
198

BAMBÚ

92	380
93	382
375	400

BARRO
COCIDO

223
378
379

CARPINTERÍA
DECORATIVA

335
348
351
354
350

CARPINTERÍA
PINTADA

225
232
279
290
304
351

CERÁMICA

89
102
139
164
321
361
363
374
398

CERÁMICA
VIDRIADA Y DECORADA

230
231
306
342
343

CESTERÍA

150	427
291	434
424	443
426	

COLOR

15	349
16	350
122	351
129	352
132	353
133	354
210	355
319	356
321	357
346	358
347	359
348	

COLOR
BLANCO

227
294
318

COLOR

357
DE AMÉRICA 377
LATINA 431
442
449

COLOR
EN ESQUEMAS MONOCROMÁTICOS

38	302
44	306
95	308
126	328

CRISTAL

81	172
83	173
85	174
98	216
144	288
154	

CUERO

126	260
127	264
235	313
256	314

DORADO

348
350

ESTUCO

18
183
187
325

HIERRO FORJADO

302
352

HORMIGÓN

21 310
226 317
227

LACA

88
143

LADRILLO
196
246
265
313
387

LATÓN
228
234

LINO
214
307

LONA
117
374

MADERA
19   242
49   248
150 251
164 254
165 290
199 294
211 297
223 302
234 306
237 321
238 374
239 399

MADERA DE CAOBA
143
254

MADERA SIN TRATAR
125 239
230 299
235

MADERA TALLADA
160
345
352

MÁRMOL
47
114
154
182
187
190
195
259
265
295

METAL
19   321
226 362
302 373

MIMBRE
143 244
148 300
165 374
194 378
205 380
214

PANELADO
216
255
304
335
348
349

PAPEL MACHÉ
263
321

PAPEL PINTADO
180
181
320

PAREDES DE TERRACOTA
128
145
286
288

PARQUET
294
304

PIEDRA
19   357
118 370
119 371
133 387
284 388
285 447
289

PLATA
174
226

SUELOS A CUADROS
301
378
382
397
418

TEJADOS DE PAJA
35
48
150
152
153
171
400
456

TEJIDO
116
260
262
282
351
442
454

TEJIDOS
100
122
395

TEJIDOS BEREBER
390
391

TELA
89
258
303
321
346

TERRACOTA
119
123
196
198
388
389

TEXTURA
15   288
272 289
273 290
274 291
275 292
276 319
277 346
278 347
279 349
280 350
281 351
282 352
283 353
284 354
285 355
286 358
287 359

TRAMPANTOJO
13
203
208
209
210
342
345
355

VETEADO
232
233
278
353

YESO
89
206
207
248
298

ÍNDICE DE ESTILOS Y DISEÑO

ESTILOS Y DISEÑO

ART DÉCO 197, 352, 412

ART NOUVEAU 206, 355

ARTESANÍA 242, 255

BARROCO 16, 45, 89, 160, 170, 200, 201, 208, 209, 217, 346, 348

CASAS *DE LA TOSCANA* 180, 217, 340

CLASICISMO 16, 41, 294, 298

CLASICISMO *GUSTAVINO* 41, 214, 215, 216, 220, 229, 236

ECLECTICISMO 16, 87, 88, 210, 262, 263, 282, 290, 294, 295, 296, 297, 298, 299, 300, 301, 302, 303, 304, 305, 306, 307, 308, 309, 310, 311, 312, 313, 314, 315, 316, 317, 395

ESTILO COLONIAL 16, 88, 142, 143, 144, 145, 146, 147, 148, 149, 150, 151, 152, 154, 155, 156, 157, 158, 159, 160, 161, 162, 163, 164, 165, 167, 168, 169, 170, 171, 172, 173, 174

ESTILO *COLONIAL ESPAÑOL* 150, 158, 166, 166, 170, 172

ESTILO DE GOA 16, 65, 142

ESTILO ESCANDINAVO 88, 94

ESTILO EUROPEO 143, 149

ESTILO IBÉRICO 142, 277

ESTILO IMPERIO 115, 209

ESTILO INGLÉS 46, 216, 248, 250

ESTILO ISLÁMICO 41, 389

ESTILO LUIS XV 295, 297, 304, 305, 339

ESTILO LUIS XVI 285, 295, 298, 311

ESTILO MODERNO 16, 21, 53, 55, 87, 88, 90, 91, 92, 93, 96, 97, 98, 99, 100, 101, 102, 103, 104, 105, 106, 107, 108, 109, 110, 111, 112, 113, 114, 115, 260, 373

ESTILO MORISCO 107, 126, 344, 374, 389, 390, 393, 394, 396, 397

ESTILO ORIENTAL 53, 88, 94, 150, 156, 158, 159, 166

ESTILO VICTORIANO 87, 89, 97, 245, 254, 255, 357

GALES 31, 64, 80, 222, 224, 234, 253, 338, 361, 434

HI-TECH 110, 315, 418

MINIMALISMO 16, 40, 88, 100

MODERNISMO *INTERNACIONAL* 88, 97

NEOCLASICISMO 16, 248, 258, 263, 298

RENACIMIENTO *BÁLTICO* 208, 209, 210, 211

ROCOCÓ 89, 93, 182, 186, 187, 209, 319, 325, 348

RÚSTICO 132, 275, 279

ÍNDICE GENERAL

A

acabado envejecido 256, 265, 276, 277, 296
acero 21, 11, 332; forjado 302, 352; inoxidable 102
adornos de pared 168, 262, 320, 351, 356-357
África 16, 21, 399
agua 20, 32-33, 36, 37, 374, 389, 392
aguamaniles 432
alfombras 245, 254; *véase* también alfombrillas; kilims
alfombrillas 242, 244, 262, 264, 319, 351; hilado plano 282; orientales 124; Tuareg 126-127; *véase* también alfombras; kilims
algodón 98, 100
Alhambra, Granada 389
Allier, *département* de 243
almacenes 248
Alta Saboya, Francia 29, 42, 75, 238, 239, 448
Amalfi 345
Ammanati, Bartolomeo 188
Andalucía 41, 43, 393
animismo 400
antigüedades 321, 361
aparadores 110, 171, 220, 221, 224, 236, 238, 263
Apulia, Italia 116, 117
arañas 47, 92, 164, 172-173, 216
árboles 390-391
Arcachon 402
arcadas 374, 396, 397, 398
arcilla 19
arcones 88, 143, 159; de cajones 244
arcos 98, 117, 118, 119, 122, 166, 319, 320, 344-345, 390-391, 397
Argenteuil 314, 315, 316
Argentina 78, 406, 444
Ariccia, *palazzo* de verano de la familia Chigi 45, 184-185, 193, 200, 201, 202, 293, 347
armarios 17, 88, 89, 94, 143, 218-219, 228, 235, 236, 237, 284, 319, 320, 321, 358; con puertas de cristal 360-361; de cocina 222, 290, 321; de esquina 237; de pedestal 221
arquitrabes 21
arreglos de pared 221, 246
Art Déco 352
Art Nouveau 306
artefactos/equipo industrial 110
artesanía 242, 255
Asia, sudeste de 16, 374, 375, 400
asientos de jardín 159
Atacama 64
Atenas 408, 435, 447
Australia 400
autómata 321

B

balcones 59, 83
baldaquines 282
baldosas 206-207, 213, 224, 227, 397; de cuadros 222; marroquíes 311; suelo 197
Bali 14, 16, 20, 35, 133, 150, 151, 159, 169, 337, 356, 370, 374, 382, 384, 400-401, 404, 423, 430
bambú 92-93
bancos de trabajo 268
bandejas 323, 388
Bangkok 43, 53, 72-73, 75, 84, 85, 158-159, 358, 424-426, 438, 442
baño 284
barandilla 319, 322, 323
baratijas 136, 290, 432
barbacoas 120-121
bares 15, 374, 408-411
barro cocido 223, 378-279
barroco 16, 45, 89, 160, 170, 200, 201, 208, 209, 217, 346, 348
Bath 21, 60, 76
Bauhaus 88
Baux-de-Provence, Les 295, 419
Bélgica 41, 269, 276, 278, 310, 331, 364, 406, 450
Bell, Vanessa 249
bereberes 19, 61
bergères 298
Bertoia, Harry 92
bibliotecas/salas de libros/salas de lectura 88, 89, 99, 201, 202, 204-207, 246, 247
billares 184-185
biombos 166, 179, 253, 399; celosías 112
Bligh, capitán 423
Bloomsbury, círculo de 249
Bois de Boulogne 279
bolsas 351
Bombay 75, 424
Bora-Bora 35, 384
Borgoña 35, 42, 43, 335, 356
botellas 106, 227, 290
Bounty 423
Brasil 57, 364
bronce 143, 222, 223
Bruselas 98, 108, 252-253, 269, 299, 308, 328, 337, 338, 458
Budapest 74, 76, 251, 343, 352, 414
Buenos Aires 141, 170, 174, 337, 379, 408; club Círculo Militar 170
Burdeos 402
burós 214
Burundi 30, 53, 379, 426, 427, 428-429, 455, 456
Bussy-Rabutin, Roger de 349
bustos 216, 310

C

cabañas 89, 240-241
cabezas: ángeles 263; de ciervo y cornamentas 213; de muñecas 258; trofeo 254
cacerolas, cobre 222, 223
cafés 15
cajas 321
calles: de peatones 62, 63; principal 57; terrazas 57
camas 119, 122-125, 192-93, 262, 263, 283, 283, 312, 313, 365; de cuatro patas 142, 239; plegables 302
campanas extractoras 108, 140
Canadá 30, 41, 43, 44, 54, 71, 234, 235, 237, 239, 245, 338, 356, 358, 382, 449; *véase* también Quebec
candelabro 180, 226
capitales 397
caravanas 244, 245
cariátides 206-207
Caribe 52
Carpentras 102, 103, 112, 130
carpintería 399
Casa Manila 160-165, 172, 173
casas 20, 40-44; *brownstones* (Manhattan, Nueva York) 16, 56, 68-69, 71; casas de ciudad 16, 19, 55, 56, 60, 71; casitas 14, 89, 272-273, 339; de baños 118; de té 375; de verano 212; edificios públicos 42-43; fachadas 1, 13, 15, 52-56, 375; junto al agua 48; masía 119; *palazzi* 14, 89, 182; plantación 19; residencias coloniales 46; terrazas 71; *véase* también *palazzi*; villas 52-53, 55
Castello Falconara, Sicilia 180-181, 212
Catania, Sicilia 325; Palazzo Biscari 186, 187, 319
catres 214
celosía 324, 399
centros comerciales 57
cerámica 89, 102, 164, 238, 291, 321, 361, 374, 398; navajo 262; vidriada y decorada 230, 231, 306, 342-343
cestas 131, 139, 344, 378-379, 432
Cévennes 133, 292, 298, 309, 313, 334
chaise longues, «duquesa» 205
Chanel, Coco 258; casa de 113
Charleston, Sussex 83, 249, 260
Chesterfield, *véase* sofás
Chicago 88
Chile 16, 30, 36, 37, 42, 54, 64, 65, 70, 71, 76, 196, 249, 333, 361, 371, 374, 442, 444, 448, 454
Chiloé 15, 30, 34, 36, 42, 52, 54, 66, 70, 74, 75, 76, 436-437
campanas 95, 217, 320, 339
chimeneas 94, 95, 114, 120-121, 126-127, 129, 178, 187, 234, 246, 249, 264, 265, 281, 284, 295, 296, 303, 305, 311, 319, 320, 338-343;

ÍNDICE GENERAL

Christofle 143
Cinecittà, Roma 329
Ciudad de México 418
Ciudad del Cabo 28
clasicismo 16, 41, 294, 298; gustavino 40, 214, 229, 236
Club Círculo Militar, Buenos Aires 170
Cochín 66, 420, 434
cocinas 14, 88, 89, 98, 138-141, 198-199, 218, 219, 222, 223, 224-225, 227, 228, 238, 248, 266, 274-275, 279, 290, 291, 292, 293, 311, 363-364, 374; cocinas-comedor 136-137
cojines 262
colecciones 89, 147, 200-201, 212-213, 251, 258, 264, 306, 307, 308, 319, 321, 358, 360-361
color 15, 16, 129, 132-133, 210, 211, 224, 319, 321, 346-359; azul 218-219; blanco 227, 294, 311; claro 307; dorado 216; esquemas cromáticos de color 302, 306; esquemas de color 191; gris 216; oscuro 254; pastel 210; provenzal 266, 288;
columnas 248, 311, 397, 460-461
comedores 14, 88, 111, 116, 117, 120-121, 136-137, 162-163, 174, 216, 217, 237, 267, 269, 279, 284, 285, 286-287, 288, 292, 300, 307, 380-381; en el exterior 402-407
Commedia dell'Arte 335
Comoros 21, 357, 450
conchas 15, 321, 359
Connemara, Irlanda 20, 32-33, 284, 339
contenedores 227
Copenhague 70, 357, 408
coral 321
Corán 399
Córcega 39, 82, 84, 131, 133, 364, 403, 406, 407
Cormatin, château de (Borgoña) 293, 348, 349
cornisas 217
cortinas 78, 79, 92-93, 126-127, 180, 181, 215, 245; *véase también* telones
Cosimo I, gran duque de Toscana 188
crémaillères 293
cristal 83, 98, 172, 173, 174, 216, 288, 321

cuadros 89, 164, 201, 217, 249, 250, 252, 255, 264, 265, 302, 310, 319, 320, 322, 340, 347, 349, 356-357; naif 265; sin enmarcar 294; trampantojo 203; *véase también* retratos
cuartos de baño 21, 98, 102-107, 194-197, 288-289 accesorios 104; duchas 104; modernos 102-107
Cuba 370, 408, 440, 458
cubrecamas/ropa de cama 100, 122, 262
cuencos 139, 223, 394
cuero 126-127, 260; Cordobán 203, 347
cúpulas 187

D

David, Elizabeth 375, 431
decoración de pared 212-213, 263
Delaware, río 272
Delhi 396, 435, 440, 446, 447, 457
desgaste del color 278
desigualado 278
Devon, Inglaterra 102, 326, 333
dibujos 250
dinastía Fatimita 399
diseño: de la Toscana 388; irlandés 220; marroquí 390-391
diseños 15, 89, 224, 230, 245, 254, 255, 258, 262, 319, 346-59; florales 263; gráfico 131; papel de pared 180, 181
divanes 115, 156-157, 398, 404; «duquesa» 297
dorado 348, 350
Dordoña 44
dormitorios 89, 98, 122-125, 128, 142, 165, 192-193, 214-215, 239, 262, 263, 282, 283, 308, 312, 313, 365
dormitorios-salas de estar 17, 126-127
desgastado 278
Dublín 409

E

Eames, Charles 98, 260
ébano, *véase* madera

eclecticismo 16, 87, 88, 210, 262, 263, 282, 290, 294-317, 395
Egipto 399
El Cairo 52, 59, 178, 179, 357, 384, 398, 399, 434, 438, 447
el-Atrach, Farid 179
encaje 142
entradas 15, 17, 319, 370-371; inacabadas 334 internas 344-345; talladas 146
entresuelos 98, 212, 319, 322, 323
equipo de dibujo 268
era eduardiana 260
escaleras 15, 16, 17, 98, 187, 295, 319, 320, 322, 323, 324, 326, 327, 328-333
Escandinavia 89, 321, 342
Escocia 14, 28, 30, 36, 44, 53, 70, 89, 222, 223, 224, 228, 229, 255, 338, 435, 455
escritorios 246, 256-257; con hueco para las rodillas 356
escritura árabe 399
escudos de África 295
esculturas 39, 188, 302; árbol 268
espacios de transición 15, 17, 132-133, 308, 314, 322-337, 319, 380-381
espejos 92, 114, 172-173, 187, 217, 230, 284, 285, 296, 302, 305, 339, 340
Estados Unidos 88
Estambul 75
estantes 17, 92, 204-207, 224, 238, 247, 290, 291, 363
estatuaria 258, 259, 345, 374; clásica 394
estilos: Biedermeier 290; burgués 182; colonial 16, 88, 142-173; colonial español 164-165; de Goa 142; escandinavo 88, 94; español 374; europeo 143, 149; filipino 88, 165; georgiano, inglés 16; georgiano, irlandés, 71, 55; georgiano tardío 220; ibérico 242, 277; imperial 115, 209; indígena 149; indio 143; indoportugués 46; inglés 216, 248, 250; islámico 41, 389; latinoamericano 88; Luis XIII 349, 304-305; Luis XV 295, 297, 304-305, 339; Luis XVI 285, 295, 298, 311; morisco 107, 374, 389, 393, 397;

naïf 265; oriental 88, 94, 166; ornamental 40; palatino 208; portugués 88; retro 197, 274; romántico 16; segundo imperio 304-305; solemne 174-233; suburbano 40; suburbano inglés 46; victoriano 87, 89, 97, 255; victoriano tardío 254
Estocolmo 5, 14, 21, 32, 35, 269, 324, 333, 337, 345, 362, 444; *véase también* Skansen, museo popular
estudios 88, 205, 246, 247, 248, 249, 271; de pintor 242
estufas 228, 230, 231, 234, 235, 240-241, 306, 319; cerradas 342-343
Europa central 251
Europa septentrional 57
exposición 15, 290-217, 320, 321, 322, 332, 340, 341, 360-371, 365

F

fachadas, *véase* casas
familia Chigi, palazzo de verano (Ariccia) 45, 184-185, 193, 200, 201, 202, 293, 347
familia Odescalchi 195
Farmacia Santa Novella, Florencia 186
figuritas 159
filigrana islámica 399
Filipinas 15, 15, 17, 88
Finlandia 88, 89, 208, 358, 382
Florencia 182, 447; Farmacia Santa Novella 186
flores 15, 100, 101, 102, 138, 171, 216, 321, 366
Florida 53, 199, 355, 361, 408, 457
fotografías 102, 179
Francia 16, 41, 224, 264, 278, 280-281, 283, 285, 340, 360, 361, 363, 404, 457
fregaderos 311, 363
frescos 187, 203, 325
frigoríficos 111
frisos 134-135, 166, 179, 262; de madera tallada 164
fruta 138, 139, 423
Fry, Roger 249

476

fuentes 20, 389, 392, 393, 397, 398
fundas extraíbles 214, 297, 307

G

galerías 47, 212, 399; de orquesta 187
Gales 31, 64, 80, 222, 224, 234, 238, 361, 434
Galle, Sri Lanka, Hotel Closenberg 148-149
Gauguin, Paul 48
Generalife, Granada 389
gente 440-461
Getty, John-Paul 195
Goa 16, 21, 46, 65, 78, 88, 142, 337, 371; palacio de Bragança 47, 144, 145, 147
Goethe, Johann Wolfgang von 186
Golfo de Vizcaya 402
grabados 302, 321
Gran Tour 361
Granada 333, 389, 394, 396, 398
granjas 82
Grant, Duncan 249
Grenoble 21, 243, 383
Gropius, Walter 97
guardafuegos 248
Guatemala 67, 356, 357, 377, 395, 407, 431, 442, 444, 448, 449, 450
guirnaldas 460-463
guitarras 249

H

Habana, La 81, 144, 167, 393
habitaciones: de música 205; de pintura 16, 88
Hábitat 136
Hamada, Shoji 112
Hammamet 387, 397
Helsinki 71
Heppelwhite, George 221
hierbas 139
hierro fundido 284
hinduismo 400
hipermercados 57
hi-tech 110, 315, 418

hormigón 21
hornacina 187, 306, 319, 320, 344-345, 398
hoteles 21, 49, 166, 277; Closenberg, Galle (Sri Lanka); 148-149; Jaipur 154; La Posta Vecchia (Ladispoli) 195; Udaipur 155
Hvittsträsk, Finlandia 242

I

Ibiza 79, 132, 139, 336, 362, 406, 407, 456
iglesias 15, 60, 64-68
Ikea 136
India 455
Inglaterra 57
invernadero 286-287
Irlanda 17, 20, 34, 54, 57, 70, 71, 85, 133, 139, 320, 336, 338, 341, 363, 364, 434, 435, 438, 456
Isla de Ré 20, 35, 38, 84, 134-135, 136, 137, 141, 265, 336, 362, 341, 386
islas del Pacífico 423
Italia 87, 133, 431

J

Jacobsen Arne 260
Jaipur 154
Jamaica 423
jardines 17, 321, 374, 376, 388, 398, 404; amurallados 368-369 casitas inglesas 83, cerrados 389; entradas 370-371; islámicos 398; puertas 17
jarras 227; almacenamiento 432; orientales 217; terracota 123, 291
jarrones 100, 102, 171, 274, 252, 299
Jodhpur 457
juegos de mesa 174-177, 216
juguetes/juegos 270

K

Katmandú 14
Kenia 21, 48, 152-153, 354, 356, 360, 364, 455, 459

Kerala 58
kilims 304-305, 351; *véase* también alfombras; alfombrillas

L

laca 88, 143
Ladispoli, La Posta Vecchia 195
ladrillo 196, 246, 265, 313, 387
lámparas 164, 180, 248, 350; colgantes 128, 131, 196, 212; de arquitectos 130
latón 228, 234
lavabos 398
Le Corbusier 97
Leach, Bernard 112
Letonia 375
librerías 205, 252, 320
libros 89, 99, 202, 246-251, 252, 258, 265, 269, 310, 344
líneas 350
lino 214, 307
Lloyd Loom 284, 310
Lo Monaco 325
lofts 19, 98, 142, 310, 316
Lombok 49
lona 117, 374
Londres 14, 16, 21, 87, 88, 100, 103, 104, 328, 333, 431, 447, 458
Los Ángeles 21, 53, 88, 97
Lot 43
Louhisaari, Turku (Finlandia) 208-211, 346
Lucban 63, 460-463
Lucca 44
luces 15, 95; Fortuny 114; tragaluz 213
lugares de trabajo 256, 316
Lúxor 55, 71, 74, 357, 424, 425, 434, 448
Luzón, isla de (Filipinas) 63

M

Madeira 191
Mallorca 88, 95, 101, 103, 118, 120, 121, 137, 139, 288, 327, 358, 405, 458

mampostería 374
Manhattan, *véase* Nueva York
Manila, Filipinas 66, 150, 156-157, 158, 159, 160, 161, 162-165, 355, 356, 360, 375, 382, 416
maniquíes de sastre 269
Mannerheim, Carl Gustav 209
mantelerías 174, 374
marcos 253, 302; dorados 350
marfil 143
mármol 47
Marrakesh 76, 88, 106, 117, 122, 128, 130, 132, 196, 374, 390-391, 392, 399, 411
Marruecos 3, 14, 15, 17, 20, 61, 133, 338, 345, 352, 354, 357, 36, 370, 384, 406, 430, 431, 432
Marsella 34, 289, 357, 426, 440
Massachusetts 30, 82, 224, 360, 363, 440
materiales, naturales/locales 48, 49, 50-51
Mauricio 15, 21, 37, 42, 43, 52, 54, 70, 76, 177, 194, 322, 358, 359, 378, 380-381, 382, 426, 430, 431, 432, 434, 440, 448, 454, 458
medallones 298
Medici, Cardenal Ferdinando de 188
Mediterráneo 16
Melbourne 375
mercados 15, 375, 413, 420-421
mesas 129, 144, 145, 171, 172-173, 174, 175, 216, 217, 236, 237, 244, 251, 316, 402-407; centrales 296; consolas 187, 229, 248; de cocina 198, 224, 226, 311; de escritura 256; de trabajo 302; laqueadas 143; Lloyd Loom 284; neoclásicas 258; pintadas 279; plegables 220, 285; redondas 300; refectorio 198; rústicas 299, 378-379; «Trapèze» 110;
metal 19, 226, 302, 321, 362, 373
México 14, 14, 15, 30, 66, 70, 78, 246, 277, 355, 379, 406, 424, 438, 444, 448, 449, 450, 451, 454, 45
Milán 89, 311, 332
mimbre 262, 205, 214, 374, 378,
minerales 321
miniaturas 321

ÍNDICE GENERAL

minimalismo 16, 40, 40, 88, 100-101; japonés 98
mobiliario 16, 268, 302, 356-357; antiguo 148-149; árabe 179; clásico siglo XX 90-93; colonial 16; de Estados Unidos 115; de estilo ibérico 277; de madera 49; fundas 264; Luis XV 297; modelos de náutica 265; moderno 16, 21, 53, 55, 87, 88, 90-93, 96-115, 260, 373; oriental 373; pintado 231, 236, 237, 279, 358-359; rústico 265; tallado 143, 144, 145, 146, 159, 167, 169, 179, 181, 358-359; tapizado 34
modernismo internacional 88, 97
moderna, época 108-109; profesional 418-419
molduras 362
morillos 293
morisco 389
moros 188
Morris, William 375
motivos 117, 245
móviles, colgantes 203
muebles de cocina 308
murales 178, 367

N

Nairobi 279, 445, 456
Nápoles 6, 74, 76, 133, 258, 263, 322, 329, 336, 356, 357, 360, 388, 395, 425, 432, 456
navajos 262
neoclasicismo 248, 258, 298; francés 16, escandinavo 263
Nepal 4, 15, 52, 75, 76, 77, 425, 432, 450
Neutra, Richard 47
Niza 17, 21, 74, 76, 78, 132
Normandía 244, 386, 450, 457; castillo de Outrelaise 304-305
Noruega 35, 71
Nueva Inglaterra 443
Nueva Jersey 313

Nueva York 14, 16, 21, 88, 89, 98, 113, 262, 265, 294, 300, 314, 328, 340, 360; Manhattan 19, 61, 75, 114, 132, 435, 438; Soho 142; Tenement Museum 274

O

Oaxaca, México 277
objetos de interés 146, 179
objets trouvés 258
obra de arte 101
Omega Workshops 249
Oporto 75, 76
ornamentos 16, 17, 89, 106, 151, 198, 246, 320, 360-371

P

paja 126-127
pájaros 78-79, 188, 203
Palacio de Bragança, Goa 47, 376
palazzi 14, 89, 182
Palazzo Biscari, Catania 186, 187, 319, 325
Palermo 76
paneles/panelado 218-219, 255, 304-305, 335, 347, 399; *d'appui* 348; *de hauteur* 348; hierro forjado 352; policromado 352
papel: de pared 180-181, 320; maché 263, 321
parasoles 404, 405
paredes 279, 288, 294, 303, 311, 320; apliques 218-219; blancas 341; de color 21, 276, 332; de ladrillo 313; decoración 179; decoloridas 351; embellecimiento de 346-347, 348-349; falsas 256; molduras 217; monocromas 350; paneladas 217; pintadas 266, 267, 320; rugosas 284; textura 276; toscas/sin tratar 277, 278, 280-281, 285; *véase también* murales
París 14, 16, 20, 78, 84, 85, 88, 89, 90-93, 98, 99, 100, 101, 103, 104, 109, 110, 113, 122, 132, 133, 137, 175, 204, 205, 238, 247, 250, 256, 257, 258, 259, 263, 268, 270, 279, 285, 290, 296, 297, 300, 301, 302, 303, 308, 311, 320, 321, 333, 335, 336, 337, 338, 339, 340, 341, 356, 361, 364, 388, 407, 431, 447, 456, 458; Place des Vosges 83
pasillos 17, 213, 320, 322, 323
pâte-de-verre 118
patios traseros 17, 20, 319, 367, 374, 376, 386, 388-401
Pensilvania 272-273
percheros 98
perlas 321
Perriand, Charlotte 92
perros de yeso 248
persianas 79
piedra 19, 118, 285, 388; extraída 288
Pilanesi, Giambattista 329
pilares 294, 341
pilastras 21, 344-345
pintura al temple 231-233
pinturas de pared 397
piñas 311
piscinas 403
planta noble 47, 172-173
plantas 48, 286, 321, 373, 374, 388, 389, 395, 397, 398
Plas Newydd, Gales 353
plata 174, 226
plomo 302
pomos de puertas 321
Pompeya 371
porches 17, 20, 21, 177, 319, 374, 376-387
portales 319
pórticos 389
Posta Vecchia Ladispoli 195
postes (de una escalera) 319, 322, 323
postes de puerta 336-337
postigos 78, 79, 151
Praz, Mario 87
prendas de ropa colgadas 268
Prouvé, Jean 92, 110
Provenza 75, 85, 88, 89, 111, 119, 123, 129, 133, 137, 205, 263, 266, 282, 286-287, 288, 290, 292, 327, 328, 333, 336, 337, 356, 261, 364, 386, 386, 406, 407, 419, 430, 431

puertas 15, 16, 17, 21, 68-71, 79, 218-219, 344-345, 352-353, 399; abiertas 334-337; pintadas 344-345; talladas 169, 344-345

Q

Quebec 17, 41, 62, 89, 235, 240-241, 245, 248, 254, 326

R

Rajastán 2
ramita 378
rascacielos 21
recintos 388-389
rellanos 17, 212, 319, 323, 390-391
relojes 234, 321; de pared 223; de pie 210, 211, 231, 237
renacimiento 45, 348, 361; báltico 209
repisas de chimenea 320, 321, 339; *véase también* chimeneas
restauración 87, 97, 98, 99, 116, 142, 248, 313, 314, 315, 316, 332
restaurantes 374, 375, 412, 414-415, 416, 418-419
retratos 162-163, 183, 184-185, 200, 217, 239; *véase también* pinturas
rincones para conversar 117
rocaille 187, 325
rococó 89, 93, 186, 187, 209, 319, 325, 348
Rodas 406
Roma 14, 17, 31, 75, 89, 182, 328, 329, 337, 345, 354, 355, 356, 371, 394, 430, 447
Rochefort 370
Roussillon, Provenza 288
Rumanía 16, 30, 66, 442, 443, 449, 450, 454, 455

S

Saarine, Eliel 242
Saigón 133, 168, 324, 378, 382, 385, 414, 415, 417, 439

Saint-Rémy-de-Provence 226, 227, 302
salas de estar 89, 90-91, 92-93, 143, 166, 168, 178, 206-207, 230, 242, 246, 247, 264, 297, 298, 320, 326, 331, 339
salones 141, 144, 169, 205, 261, 302, 304-305, 319; gran 286-287
salones de baile: Palacio de Bragança, Goa, 47; Palazzo Biscari (Catania) 187, 324
Saloni da Ballo, *véase* salones de baile
Salvador de Bahía 74, 414, 420, 425, 432, 444, 452-453
Salzburgo 16, 54, 71, 204, 322, 348, 358
San Cristóbal de las Casas 246
San Francisco 52, 54, 89, 96, 138, 412
San Petersburgo 66, 71
Santa Catalina, convento de (Oaxaca) 277
Santiago 74, 140, 141, 271, 357, 379, 444
Santorini 34, 60, 66, 420
santuario votivo 263
sarga 262
seda 248
servicios de cena 221
Sévigné, Madame de 349
Sevilla 74, 137, 397, 407
Shangai 70, 74, 84, 167, 370, 371, 423, 438; Temple Club 166
Sheraton, Thomas 221
Sicilia 89, 110, 122, 132, 137, 176, 180-181, 186, 187, 192-193, 198, 212, 319, 322, 333, 355, 371, 378, 379, 406, 450;
sillas 78, 110, 111, 113, 126-127, 144, 145, 214, 216, 236, 237 244, 247, 251, 299, 314, 405; angloindias 143; bajas 154; butacas 122, 180, 205, 239, 248, 250, 262, 269; «Butterfly» 99; de África 317, 373; de comedor 220, 307; de dentista 315; de metal 256; de niños 214; de plantador 148, 159; «Egg» (Arne Jacobsen) 260; «La Chaise» (Charles Eames) 99; Louis XV 259; Lloyd Loom 310; marroquíes 117; «N.º 670» 260; orejeras 260-261, 304-305; rústicas 315, 378-379;
sillones 285; Standard (Jean Prouvé) 110; talladas 169, 179; Windsor con respaldo de rueda 234
Skansen, museo popular (Estocolmo) 214, 229-231, 236, 242, 246, 353
sofás 113, 248, 250, 296, 302, 314; Chesterfield 260; de respaldo abotonado 180; orejeros 297; respaldo capitoné 92
Somalia 48
sombreros 131
sombrillas 405
Sri Lanka 21, 28, 34, 41, 44, 46, 146, 385, 410, 424, 425
Sturbridge, Massachusetts 55, 215
Suecia 16, 41, 42, 74, 201, 229, 263, 356, 358, 406
suelos 165, 172-173, 196, 215; de baldosas 197, 198, 206-207, 213, 224, 397; de madera 16, 251, 294, 303; de piedra 285; sin tratar 280-281; toscos 284
Sumbawa, isla de (Indonesia) 16, 50-51, 364, 375
superficies 15; con dibujos 254; toscas/ sin tratar 288
Sussex, Inglaterra 357, 358

T

tablones 250
taburetes 129, 350; de cocina 297
Tahití 48
Tailandia 41, 54, 370
tallado 169, 319, 321, 322, 323, 346
talleres 441
Tánger 30, 421
tapices 319, 346, 349
techos 126-127, 218-219, 255, 294, 320, 325, 327, 354-355; abovedados 116, 117, 118, 119, 120-121, 187, 217, 325, 345; bajos 327; inclinados 101; ornamentos 165; pintados 164, 279; sin tratar 280-281

tejados, planos 61
tejidos 89, 258, 303, 321, 346 351; bereber 390-391; tradicional 262
televisiones 315, 319
telones 98, 100, 283
Temple Club, Shangai 166
templos 400-401
Tenement Museum, Nueva York, 274
terciopelo 260
terracota 119, 123, 196, 198, 388, 389, 394
terrazas 17, 20, 21, 37, 319, 374, 376-387, 403, 404; tejado 82, 98, 373
teteras 139, 293
textiles 100, 122, 395; sur de Francia 263
textura 15, 272-292, 319, 346-359
tiendas 15, 17, 374, 375, 432-439
tiestos/cacharros 197, 288, 292, 293, 340, 344, 388, 389, 394
toallas 102, 112, 321
Tokio 112
toldos 405
torres 58
Toscana, la 27, 29, 198, 340, 405, 406, 407, 444
trabajos de estuco 182-183, 187, 325
Trivandrum 58
trofeos 89, 322
trampantojo 13, 203, 208, 210
tuberías 311
Túnez 132, 133, 375, 386, 424, 435
Tureholm 218, 220

U

Udaipur 155
Umbria 7, 74, 191, 203, 336, 354, 357
urnas 253, 298
utensilios /equipo de cocina 88, 108, 109, 139, 223, 224, 275, 290, 291, 292, 309, 316, 362-363, 432

V

vajilla 109, 138, 198, 234, 236, 290, 362-363, 374; blanca y azul 218-219, 220; del sur de Francia 263
vajilla/cubertería/cristalería 174
Valparaíso 421
vasos 177
velas 129
Venecia 32, 34, 182
ventanas 15, 16, 21, 72, 85, 96, 143, 196, 240-241, 288, 313, 316, 321; arqueadas 47,148-149; caoba 143, 254; de madera 19, 49, 150, 164, 165, 199, 211, 223, 234, 235, 237, 238, 239, 242, 242, 243, 248, 251, 254, 290, 294, 297, 302, 306, 321, 321, 374, 399; decoración 179; ébano 143; envejecidas 265; francesas 177; madera a la deriva 39; marcos 131; palo de rosa 144, 145; pino de Oregón 94; rústicas 279; talladas 349, 352; teca 98
ventiladores 321
Versalles 16, 143, 306, 337
verticalidad/vida vertical 59
vestíbulos, entrada 17, 319, 327
veteado 233-233, 278, 353
Viena 76
vigas 101, 243, 300, 346, 349
Villa Medici 188-190
villas, *véase* casas
Visconti, Luchino 201

Y

yeso 89, 206-207, 248, 298; estuco a la cal 107; relieve 344-345; sin tratar 280-281

Z

Zihuatanejo, México 171
zinc 102
zona peatonal 62, 63
zonas de reunión 117

AGRADECIMIENTOS

Título original:
The Way We Live

Traducción:
Clara E. Serrano Pérez

Revisión técnica de la edición
en lengua española:
Judith Sala Gamero
Interiorista

Coordinación de la edición
en lengua española:
Cristina Rodríguez Fischer

Primera edición en lengua española 2004

© 2004 Art Blume, S.L.
Av. Mare de Déu de Lorda, 20
08034 Barcelona
Tel. 93 205 40 00   Fax 93 205 14 41
E-mail: info@blume.net
© 2003 Thames and Hudson Ltd, Londres
© 2003 de las fotografías Gilles de Chabaneix
© 2003 del diseño y de la maqueta Stafford Cliff

I.S.B.N.: 84-95939-92-4

Impreso en Singapur

Todos los derechos reservados.
Queda prohibida la reproducción
total o parcial de este libro,
por cualquier medio mecánico
o electrónico, sin la debida
autorización por escrito del editor.

CONSULTE EL CATÁLOGO DE PUBLICACIONES ON-LINE
INTERNET: HTTP://WWW.BLUME.NET

Dedicado a
François de Chabaneix, Françoise Winter, Catherine, Martin y Simon de Chabaneix

Quiero agradecer su ayuda a todos los que han contribuido a la realización de este libro en especial a Stafford Cliff, que tuvo la idea original. También quisiera dar las gracias a Catherine Ardouin Jean-Pascal Billaud, Catherine de Chabaneix, Daniel Rozensztroch y Francine Vormèse, que me acompañaron en muchos de mis viajes, y a Martine Albertin, Béatrice Amagat, François Ayxandri, Anna Bini, Marion Bayle, Marie Claire Blanckaert, Barbara Bourgois, Marie-France Boyer, Marianne Chedid, Alexandra D´Arnoux, Jean Demachy, Emmanuel de Toma, Geneviève Dortignac, Jérôme Dumoulin, Marie-Claude Dumoulin, Lydia Fiasoli, Jean-Noel Forestier, Marie Kalt, Françoise Labro, Anne Lefèvre, Hélène Lafforgue, Catherine Laroche, Nathalie Leffol, Blandine Leroy, Chris O´Byrne, Christine Puech, José Postic, Nello Renault, Elisabeth Selse, Caroline Tiné, Claude Vuillermet, Suzanne Walker y Rosaria Zucconi, que me ayudaron a descubrir el mundo, y a Mattias Bouazis, que me ayudó a clasificar todas mis fotografías.

Las siguientes personas e instituciones tuvieron la amabilidad de permitirme entran en sus hogares y edificios: Jérôme Abel Seguin, Jean-Marie Amat, Avril, Peter Beard, Bébèche, Luisa Becaria, Dominique Bernard, Dorothée Boissier, Carole Bracq, Susie y Mark Buell, Michel Camus, Laurence Clark, Anita Coppet y Jean-Jacques Driewir, Bertile Cornet, Jane Cumberbatch, Geneviève Cuvelier, Ricardo Dalasi, Anne y Pierre Damour, Catherine Dénoual, Dominique y Pierre Bérnard Dépalle, Ann Dong, Patrice Doppelt, Philippe Duboy, Christian Duc, Jan Duclos Maïm, Bernard Dufour, Flemish Primitives, Michèle Fouks, Pierre Fuger, Massimiliano Fuksas, Teresa Fung y Teresa Roviras, Su Majestad el Maharajah Gaj Sing Ji, Henriette Gaillard, Jean e Isabelle Garçón, John MacGlenaghan, Fiora Gondolfi, Annick Goutal y Alain Meunier, Muriell Grateau, Yves y Michèle Halard, Hotel Le Sénéchal,, Hotel Samod Haveli, Anthony Hudson, Ann Huybens, Patrick T´Hoft, Igor y Lili, Michèle Iodice, Paul Jacquette, Hellson, Jolie Kelter y Michael Malcé, Dominique Kieffer, Kiwayu, Lawrence y William Kriegel, Philippe Labro, Karl Lagerfeld, François Lafanour, Nad Laroche, Rudolph Thomas Leimbacher, Philippe Lévèque y Claude Terrijn, Marion Lesage, Luna, Catherine Margeretis, Marongiu, Mathias, Valérie Mazerat y Bernard Ghèzy, Jean-Louis Mennesson, Ilaria Miani, Anna Moï, Leonardo Mondadori, Jacqueline Morabito, Christine Moussière, Paola Navone, Christine Nicaise, Christian Neirynck, Jean Oddes, Catherine Painvin, John Pawson, Christiane Perrochon, Phong Pfeufer, Françoise Pialoux les Terrasses, Alberto Pinto, Stéphane Plassier, Morgan Puett, Riad Dar Amane, Riad Dar Kawa, Yagura Rié, Guillaume Saalburg, Holly Salomon, Jocelyne y Jean-Louis Sibuet, Siegrid y sus primos, Valérie Solvi, Richard Texier, Jérôme Tisné, Doug Tomkins, Anna y Patrice Touron, Christian Tortu, Armand Ventilo, Barbara de Vries, Thomas Wegner, Quentin Wilbaux, Catherine Willis.

Gracias también a las siguientes revistas por permitirme utilizar fotografías que ya habían sido publicadas por ellas: *Architectural Digest* (edición francesa), *Atmosphère, Elle, Elle à Table, Elle Décoration, Elle Décor Italia, Madame Figaro, Maison Française, Marie Claire, Marie Claire Idées, Marie Claire Maison, The World of Interiors*.

Gilles de Chabaneix